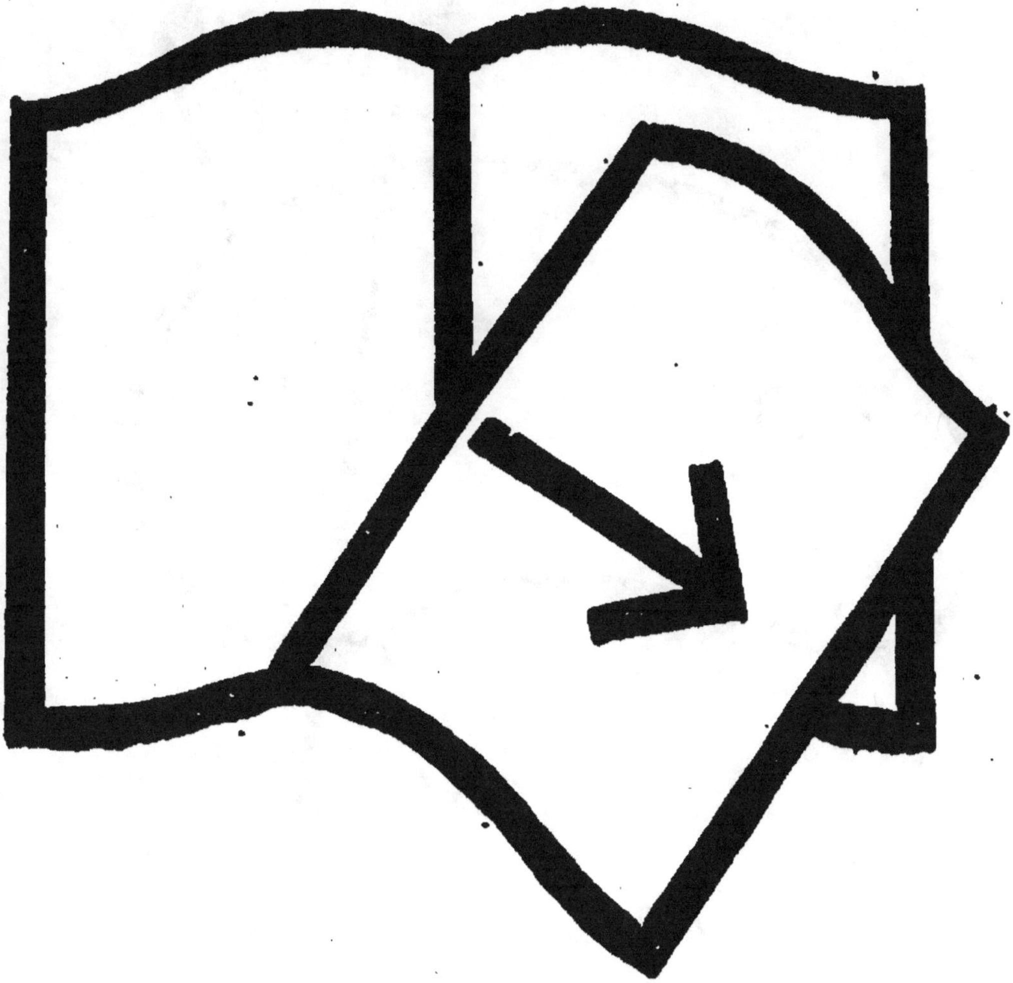

Couverture inférieure manquante

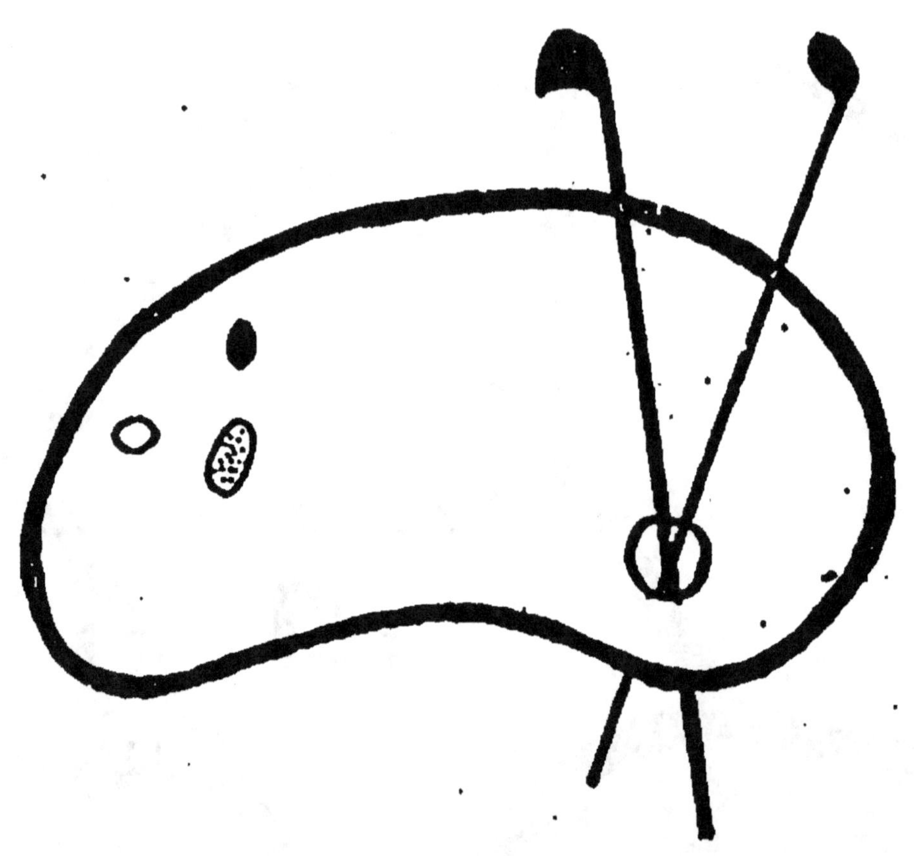

DEBUT D'UNE SERIE DE DOCUMENTS
EN COULEUR

LA RÉVOLUTION A SAINT-DOMINGUE

LES COMMISSAIRES

SONTHONAX ET POLVEREL

PAR

M. Ludovic SCIOUT

Extrait de la *Revue des questions historiques*. — Octobre 1898

PARIS

AUX BUREAUX DE LA REVUE

5, RUE SAINT-SIMON, 5

1898

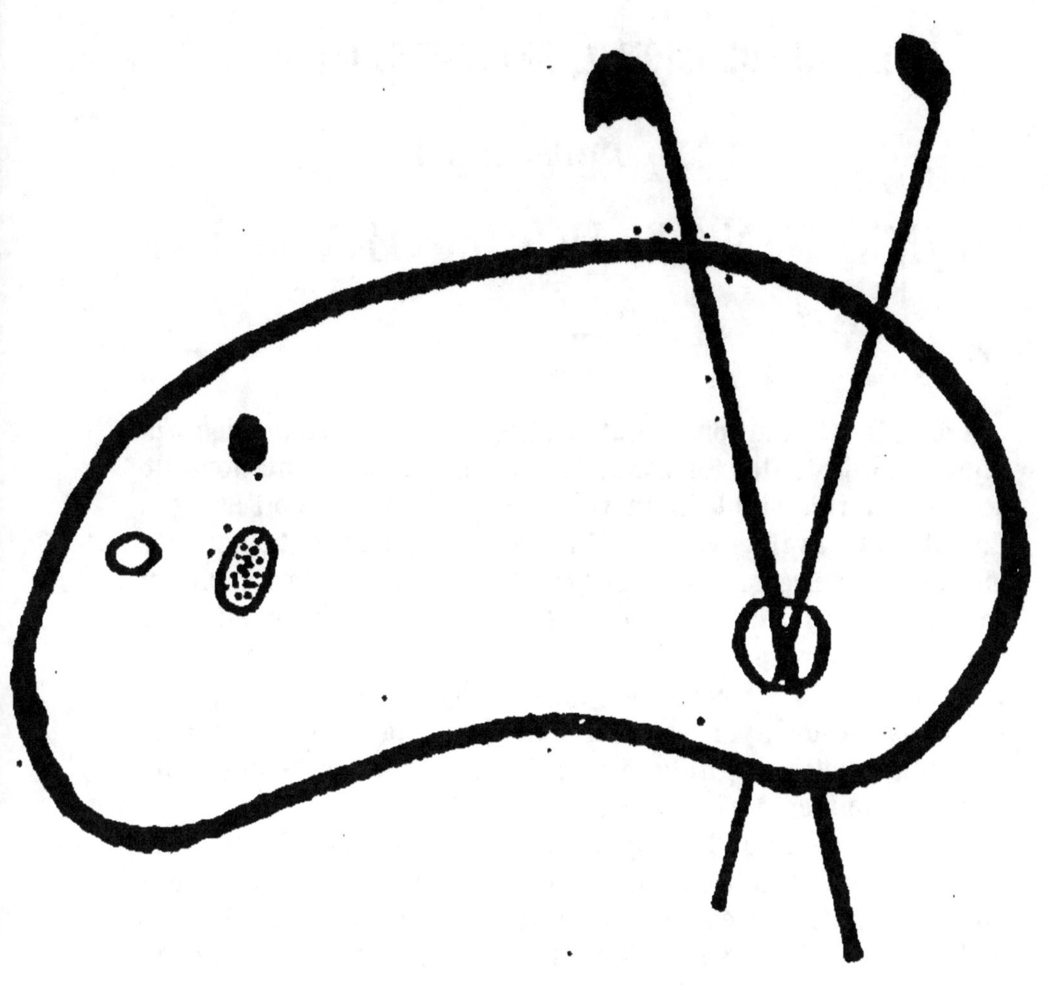

FIN D'UNE SERIE DE DOCUMENTS
EN COULEUR

LA RÉVOLUTION A SAINT-DOMINGUE

LES COMMISSAIRES

SONTHONAX ET POLVEREL

———

Avant la Révolution, Saint-Domingue était certainement la plus riche de toutes les colonies françaises. Les plantations de cette île fournissaient de sucre et de café la moitié de l'Europe. En 1788, elle avait envoyé en France pour plus de cent cinquante millions de denrées, et la plus grande partie avait été vendue au commerce du nord de l'Europe. En 1789, elle se trouvait dans une grande prospérité; la partie française de l'île renfermait 851 sucreries, 3,828 caféières, 3,150 indigoteries, 843 cotonnières. Il est prouvé, par les chiffres de l'importation et de l'exportation, que cette magnifique colonie comprenait près des deux tiers du commerce extérieur de la France [1].

Les deux tiers de l'île appartenaient aux Espagnols, mais la partie française était de beaucoup la plus riche et la plus peuplée. Elle était divisée en trois provinces : celle du nord, celle de l'ouest et celle du sud. Elle renfermait en tout cinquante-deux paroisses, dont deux villes très importantes, le Cap français, dans le nord, et Port-au-Prince, dans l'ouest, et plusieurs autres moins peuplées, mais assez florissantes, comme les Cayes, Jacmel, Jérémie, Saint-Marc, Léogane. La colonie était administrée par un gouverneur et par un intendant de justice, police, finances; avec deux lieutenants et douze conseillers, ils formaient le

[1] En 1789, le mouvement des affaires fut de 461,348,678 livres d'exportation, et de 255,372,282 d'importation, qui valaient au trésor 21,587,180 livres d'impôts. La colonie avait reçu dans ses ports 515 navires français et 1,063 étrangers, qui avaient emporté 520 millions pesants de livres de sucre, 250 de sucre brut, 230 de café, des sirops, de l'indigo, du coton.

conseil souverain, qui jugeait en dernier ressort tous les procès civils et criminels. Le gouverneur civil, lieutenant général, représentait le roi, avait le pouvoir militaire et exerçait une autorité à peu près illimitée. L'intendant disposait seul des deniers publics, et les impôts étaient fixés par un conseil de fonctionnaires. Il n'y avait d'habitude, à Saint-Domingue, que deux à trois mille hommes de troupes; cette colonie, si riche, nécessitait fort peu de dépenses militaires.

Sa population était nombreuse, mais difficile à recenser très exactement; aussi les statistiques ne concordent pas. Un recensement fait en 1789, par Barbé-Marbois, alors intendant, donne, pour la population blanche, le chiffre de 35,440, dont 24,660 du sexe masculin et 10,780 seulement du sexe féminin. Cette différence s'explique par la présence, à Saint-Domingue, d'un grand nombre d'aventuriers qui venaient dans la colonie croyant y faire fortune. Les gens de couleur et nègres libres étaient au nombre de 26,668, dont 14,600 du sexe masculin; il y avait 320,000 nègres esclaves, mais on croit généralement que ce dernier recensement est incomplet, et qu'il y avait au moins, dans la colonie, de 400,000 à 500,000 esclaves [1]. On voit que la population noire était bien supérieure en nombre aux blancs et aux gens de couleur et nègres libres réunis.

Les blancs, à Saint-Domingue, étaient divisés en deux catégories bien distinctes : d'abord les planteurs, qui employaient quelquefois plusieurs centaines de nègres à l'exploitation de leurs vastes domaines et menaient, pour la plupart, l'existence la plus opulente; les négociants, les nombreux fonctionnaires, ceux qui exerçaient les professions libérales; puis les *petits blancs*, petits marchands, artisans, marins, déclassés de toute espèce et de tous pays, attirés par la richesse de la colonie et souvent y cherchant un refuge [2]. Ils enviaient beaucoup les planteurs et les riches négociants, mais dédaignaient au moins autant qu'eux et les nègres esclaves et les gens de couleur libres.

Dès le début de la Révolution, on dépeignit, en France, les blancs de ces deux catégories comme des tyrans cruels, de véritables tourmenteurs, et les révolutionnaires négrophiles se

---

[1] Dont quelques milliers de gens de couleur.

[2] On classait aussi parmi eux les propriétaires qui possédaient moins de vingt nègres.

livrèrent contre eux à de furieuses déclamations où l'on voyait percer beaucoup plus de haine, et surtout d'envie, pour les riches propriétaires de la colonie, et de convoitise pour leurs possessions, que de pitié véritable pour les nègres. Ils avaient raison, en principe, de condamner l'esclavage; mais il était absurde de soutenir qu'on pouvait l'abolir d'un seul coup, par un décret, comme on avait aboli ce qui restait des droits féodaux, sans attirer les plus grands maux sur la colonie, sans blesser réellement l'humanité. Les uns réclamaient l'affranchissement très rapide, presque immédiat des esclaves, parce qu'ils s'exagéraient singulièrement leurs souffrances; les autres l'exigeaient, surtout par envie pour les planteurs, dont la richesse et le luxe les offusquaient, et les uns et les autres ne s'inquiétaient pas assez de l'intérêt qu'avait la France à conserver une colonie aussi riche. On représentait les nègres comme bien plus malheureux qu'ils ne l'étaient en réalité. On affectait de se lamenter aussi sur leurs souffrances morales, en les supposant tristes et honteux de leur esclavage, comme l'auraient été des Européens réduits tout à coup, par la force, à cette humiliante situation. Ceux qui défendaient les intérêts des colons répondaient aux *philanthropes* que les nègres jouissaient, à l'état sauvage, de bien peu de liberté; que, dans leur pays, ils étaient soumis à des despotes très barbares; qu'ils se faisaient entre eux la guerre avec une cruauté effroyable et égorgaient leurs prisonniers lorsqu'ils ne les vendaient pas, et qu'un nègre, esclave d'autres nègres, était traité avec beaucoup plus de barbarie qu'un nègre acheté par des blancs. Du reste, les nègres esclaves dans les Antilles avaient été bien souvent vendus par leurs chefs, même par leurs propres parents. Chez eux, le père vendait son fils pour une bagatelle. Nés dans un pays où la vie de l'homme était comptée pour rien, où ils étaient constamment exposés à subir les traitements les plus durs, les nègres n'envisageaient nullement la liberté au même point de vue que l'Européen; ce qu'ils trouvaient de plus dur dans l'esclavage, c'était l'obligation de travailler, et c'était folie de croire qu'aussitôt après leur affranchissement ils chercheraient à gagner leur vie par le travail, comme des ouvriers européens [1].

<hr>

[1] La Société des *Amis des noirs* répétait partout qu'ils étaient soumis aux travaux les plus rudes et subissaient les plus mauvais traitements. Il y avait

Leur sort n'était pas aussi dur qu'on le prétendait.

Dans les plantations, les nègres avaient tous un petit jardin d'une étendue déterminée par un long usage et qu'ils cultivaient eux-mêmes. Les commissaires qui ont décrété l'affranchissement général le reconnurent dans leurs arrêtés. Ils élevaient ainsi des poules et des cochons. Dans les habitations où les fruits et les légumes étaient en abondance, on ne s'inquiétait pas de ce qu'ils prenaient pour eux. Il était permis à quelques-uns de se faire certains profits, qui parfois étaient assez importants pour leur permettre de se racheter. Ils se reposaient les dimanches et fêtes, et trois heures les autres jours ; les maîtres cruels étaient rares, quoi qu'on en ait dit, et les autorités étaient tenues de les punir [1]. Des peines assez barbares étaient prononcées contre les nègres, par l'édit de 1685, pour certains délits; mais on verra plus loin que le commissaire négrophile Polverel crut nécessaire de les édicter de nouveau. D'ailleurs, le maître le moins accessible à des sentiments d'humanité avait intérêt à ce que son esclave ne fût point victime d'un travail trop lourd ni de punitions trop rudes.

Les négrophiles ardents déclaraient l'esclavage immoral par lui-même, réprouvé par les principes de la Révolution ; ils s'indignaient à la pensée que les propriétaires d'esclaves pussent réclamer une indemnité, car ils avaient commis eux-mêmes, en ayant des esclaves, un crime de lèse-humanité ; mais les propriétaires leur répondaient très justement : « Nous défendons notre droit de propriété tel que la loi l'a fait, pour ne pas perdre notre fortune, qui se trouve reposer sur l'esclavage. On veut nous imposer des sacrifices à une opinion qui n'est pas la nôtre, et l'on s'indigne de notre résistance. C'est injuste ! Vous pouvez déclarer équitablement que l'homme ne peut posséder l'homme, mais vous m'avez permis d'acheter l'homme, vous m'y avez encouragé ; si vous voulez le reprendre pour le faire libre, payez-le-moi. La proclamation d'un principe moral ne peut détruire le droit que la loi a créé. »

là encore beaucoup d'exagération. Ils n'étaient pas assujettis à des travaux dangereux et malsains, comme le sont tant d'ouvriers en Europe. Il n'y avait pas de mines à Saint-Domingue. On n'y employait pas les nègres à ces travaux qui, chez nous, déforment peu à peu les ouvriers libres.

[1] Un édit de 1784 consacra en leur faveur des usages déjà anciens et améliora beaucoup leur situation.

En 1789, la situation de Saint-Domingue était, au point de vue de la Révolution, très différente de celle de la métropole. La plus grande égalité régnait parmi les blancs : il y avait dans cette colonie des gens titrés, mais non une noblesse constituée exerçant certains droits ; ce n'était pas l'aristocratie, mais la ploutocratie qui dominait. Il n'y avait point d'emplois héréditaires. Ainsi donc, des réformes très graves qui, pour beaucoup de gens, constituaient et constituent encore la révolution elle-même, étaient inutiles à Saint-Domingue. Le clergé y possédait très peu de biens et n'était pas constitué politiquement comme en France [1]. Dès 1788, les plus riches colons demandèrent à envoyer des députés aux États généraux ; on leur répondit qu'il était impossible de procéder dans la colonie comme en France, puisqu'elle ne pouvait élire ni députés de la noblesse ni députés du clergé. Néanmoins, ils procédèrent hardiment à des élections, et l'on proclama dix-huit députés. Les États généraux trouvèrent suspectes ces élections, faites sans convocation officielle, sans publicité. Le 8 juin 1789, ils accordèrent séance à ces députés, mais sans suffrage, sauf à examiner leurs pouvoirs. Mais ces élus des colons se trouvèrent à la séance du Jeu de Paume et y prêtèrent le fameux serment. Leur zèle fut récompensé : ils furent d'abord admis provisoirement, puis définitivement le 4 juillet, mais réduits de dix-huit à six, avec six suppléants.

L'absence des deux ordres privilégiés simplifiait singulièrement la situation politique à Saint-Domingue : on pouvait dire que la révolution y était déjà en partie faite. La colonie n'y gagna rien : elle fut aussitôt troublée, bouleversée même, par deux questions d'une importance capitale pour elle et qui n'existaient pas en France ; c'étaient la question de l'esclavage et celle des droits politiques des gens de couleur libres et des nègres libres, qui voulaient, à ce point de vue, être complètement assimilés aux blancs. Cette assimilation devait entraîner les conséquences les plus graves, car il s'en fallait de peu que les gens de couleur libres fussent aussi nombreux que les blancs, et ils paraissaient devoir rapidement les égaler en nombre.

Mais tout le monde croyait que cette assimilation serait bien-

[1] La partie française de Saint-Domingue n'avait point d'évêque, mais des préfets apostoliques ; elle était restée, au point de vue ecclésiastique, un pays de mission.

tôt suivie de la suppression de l'esclavage, qui entrainerait la ruine complète de la colonie.

Dès les premiers moments de la Révolution on réclama l'application de l'édit de 1685, qui assimilait aux blancs et les gens de couleur et les nègres libres. Cet édit, rendu à une époque où la colonie était beaucoup moins peuplée, n'avait pas été exécuté. On vit aussitôt arriver à Saint-Domingue des gens qui prêchaient l'affranchissement des noirs et l'émancipation des hommes de couleur, et déclamaient avec la plus grande violence contre les planteurs. L'alarme fut ainsi jetée parmi les blancs. A Paris, ces questions furent traitées avec une incroyable passion. Les propriétaires à Saint-Domingue formèrent une association pour défendre leurs intérêts. Elle se tenait à l'hôtel Massiac. Les gens de couleur se réunirent aussi et obtinrent l'appui de nombreux partisans des idées nouvelles qui se qualifiaient de *philanthropes* et d'*amis des noirs*. Julien Raimond, quarteron, originaire d'Aquin à Saint-Domingue, mais alors établi à Paris, homme très riche et qui avait reçu une instruction très supérieure à celle de la plupart des gens de couleur, soutenait avec une activité prodigieuse la cause de ces derniers. Il avait réussi à leur rendre favorables un assez grand nombre de députés et de publicistes, qu'il recevait très souvent à sa table ; on disait même qu'il rétribuait largement leur zèle pour les intérêts de sa caste. Les gens de couleur se déclaraient alors les êtres les plus malheureux de la terre, et accusaient les blancs de leur faire subir le joug le plus dur et le plus ignominieux, et de les maltraiter impunément ; à les en croire, il auraient été, à Saint-Domingue, de véritables parias !

Nous ne pouvons ici examiner en détail les plaintes des gens de couleur, et les réponses qui leur étaient faites. Certaines réclamations étaient légitimes, beaucoup d'autres singulièrement exagérées. Il y en avait qui touchaient à la politique, mais la plupart tenaient aux mœurs de Saint-Domingue, ou, pour mieux dire, aux habitudes de presque tous les pays où il existe des esclaves et des affranchis. Les habitants des États-Unis, quoique très différents des colons des Antilles par leur caractère, par leurs mœurs, et vivant sous des institutions très libres, avaient alors, et ont conservé encore, le plus grand dédain pour les gens de couleur même libres, comme appartenant à moitié à une race tout à fait inférieure ; et ils ne voulaient avoir aucun rapport, aucun contact avec eux même dans les lieux publics [1].

Les gens de couleur libres oubliaient qu'ils auraient en Europe, pour la plupart, fait partie des dernières classes de la société, quand bien même leur teint ne les eût pas désignés comme les descendants d'esclaves d'une race très dédaignée. Ils étaient pour la plupart sans instruction. Cependant quelques-uns d'entre eux avaient été généreusement traités par leurs pères naturels, et il y avait parmi eux un certain nombre de riches ; malheureusement la famille n'était constituée dans cette classe que par exception, car sur une population d'au moins vingt-six mille individus, on n'en comptait pas, avant la Révolution, plus de trois cents qui fussent légitimement mariés. Les femmes de couleur vivant ouvertement dans le désordre étaient extrêmement nombreuses.

Si les colons blancs n'admettaient point les réclamations des gens de couleur, ce n'était pas uniquement par orgueil : ils avaient tout lieu de craindre que, l'égalité politique une fois proclamée, les gens de couleur ne devinssent maîtres de l'île et assez forts pour les supplanter et les opprimer. Tel était évidemment le but de leurs meneurs : les gens de couleur se déclaraient les véritables habitants de la colonie, parce qu'ils y étaient nés et qu'ils en supportaient le climat comme les nègres. Les blancs étaient représentés par eux comme des intrus.

Les blancs de Saint-Domingue, riches ou pauvres, s'entendaient parfaitement, et sur la question de l'état des gens de couleur, et sur la question de l'esclavage. Il était trop évident que les nègres ne pouvaient être remplacés par des blancs libres, et que si les plantations n'étaient plus cultivées, les propriétaires seraient ruinés, et que, par contre-coup, les petits blancs le seraient également pour la plupart. Aussi les petits

---

[1] Comme aux États-Unis, on leur assignait au théâtre des loges particulières, mais les gens de couleur libres refusaient orgueilleusement de s'y mettre avec des nègres libres, et tenaient ces derniers à distance. Là aussi, *l'aristocratie de la peau* dominait complètement. Le mulâtre méprisait le nègre, dont il était détesté. Les nègres et les gens de couleur libres avaient la réputation d'être des maîtres fort durs : quand un planteur était très mécontent d'un esclave, il lui disait qu'il le vendrait à un nègre ou à un mulâtre libre, et cette menace produisait toujours beaucoup d'effet.

blancs, les plus révolutionnaires, les plus envieux des richesses des grands planteurs, étaient-ils très hostiles à l'affranchissement général ; en effet, si l'esclavage était aboli, la spoliation des propriétaires n'enrichirait aucunement les révolutionnaires, puisqu'elle leur donnerait des terres ne produisant plus, et qu'il leur serait impossible de faire valoir. Les petits blancs comprenaient aussi que la concession des droits politiques aux gens de couleur devait les annihiler dans la colonie. Ils appartenaient pour la plupart au parti révolutionnaire, et, dans leurs démêlés avec les gens de couleur, ils montrèrent trop souvent une violence et une brutalité qui furent perfidement exploitées contre toute la population blanche.

II.

Les premiers événements de la Révolution furent connus à Saint-Domingue en septembre 1789 ; ils y produisirent la plus vive émotion. Il n'y avait alors que très peu de troupes à la disposition des autorités. Des comités très remuants se formèrent aussitôt au Cap et à Port-au-Prince. Les blancs des deux classes étaient partout dans la plus grande effervescence. Cette population si peu nombreuse fut prise tout entière d'une véritable fièvre politique. Il y eut aussitôt, comme en France, dans une foule de localités, des troubles, des rixes ; des crimes même furent commis dans plusieurs villes. Des têtes furent promenées au bout des piques.

L'effervescence révolutionnaire se tourna contre les fonctionnaires ; les colons se déclarèrent opprimés par eux et les accablèrent d'accusations, très mal fondées le plus souvent. Les colons riches désiraient très légitimement participer à l'administration et jouir des mêmes droits que les habitants des colonies anglaises. Leurs charges, leurs impôts, leurs plus petits détails d'administration étaient réglés uniquement par les fonctionnaires, et comme ils se trouvaient, en fait, autant commerçants que propriétaires, ces colons étaient très irrités de ne pouvoir s'occuper eux-mêmes de ce qui les intéressait le plus. Mais ils eurent le tort grave d'agir de la façon la plus violente et la plus révolutionnaire, de prononcer très illégalement des condamnations à mort contre des hommes estimables. Très inquiets des menées des gens de couleur, ils les traitèrent parfois comme les révolutionnaires, en France, traitaient les prétendus conspirateurs [1].

Sans aucune convocation du gouvernement, ils nommèrent une Assemblée pour chacune des trois provinces. On établit dans les villes une garde nationale, qui ne servit qu'à jeter le trouble. La nouvelle Assemblée provinciale du Nord se laissa entraîner aussitôt à empiéter sur le pouvoir législatif et sur le pouvoir exécutif. Mais il fallait établir, au-dessus de ces trois assemblées, une assemblée générale représentant toute la partie française de l'île. Les colons en firent élire les députés par les paroisses. Cette assemblée comprenait deux cent dix députés, pour une population blanche de trente à trente-cinq mille âmes.

Elle commit des fautes nombreuses, mais elle succomba sous une calomnie. Elle fut accusée persévéramment de vouloir rendre la colonie indépendante parce qu'elle revendiquait pour cette île, située à dix-huit cents lieues de la métropole, une large autonomie, le droit de défendre ses intérêts propres, si différents de ceux de la France et si mal connus des politiciens de Paris. Les colons devaient être écrasés sous cette calomnie, comme un peu plus tard les girondins sous l'accusation de fédéralisme. Leur prétention, en elle-même, était tout à fait raisonnable, mais elle offusquait les révolutionnaires partisans d'une centralisation excessive, et d'une Assemblée gouvernant seule et la France et ses colonies les plus éloignées, dont elle connaissait très mal et la situation intérieure et les besoins. En outre, beaucoup de révolutionnaires ne pardonnaient aux grands planteurs ni leurs richesses ni leur faste. Cependant la Constituante donna gain de cause aux colons par la loi des 8-10 mars 1790. Elle commence par déclarer :

Que, considérant les colonies comme une partie de l'Empire français et désirant les faire jouir des fruits de l'heureuse régénération qui s'y est opérée, *elle n'a cependant jamais entendu les comprendre dans la constitution qu'elle a décrétée pour le royaume*, et les assujettir à des lois qui pourraient être incompatibles avec

---

[1] Ferrand de Baudière, ancien magistrat, pour une pétition tendant à donner plus de droits politiques aux gens de couleur, fut égorgé par des furieux au Petit-Goave, et sa tête promenée au bout d'une pique. Le mulâtre Lacombe, simple dépositaire, a-t-on dit, d'une pétition semblable, fut pendu.

leurs convenances locales et particulières; en conséquence, elle a décrété et décrète ce qui suit :

Art. 1er. Chaque colonie est autorisée à faire connaître son vœu sur la constitution, la législation et l'administration qui conviennent à sa prospérité et au bonheur de ses habitants, à la charge de se conformer aux principes généraux qui lient les colonies à la métropole et qui assurent la conservation de leurs intérêts respectifs.

Art. 2. Dans les colonies où il existe des assemblées coloniales, librement élues par les citoyens et avouées par eux, ces assemblées sont admises à exprimer le vœu de la colonie. Dans celles où il n'existe pas d'assemblées semblables, il en sera formé incessamment pour remplir les mêmes fonctions.

Art. 3. Le roi sera supplié de faire parvenir dans chaque colonie une instruction de l'Assemblée nationale renfermant : 1° les moyens de parvenir à la formation des assemblées coloniales dans les colonies où il n'en existe pas ; 2° les bases générales auxquelles les assemblées coloniales devront se conformer dans les plans de constitution qu'elles présenteront.

Ces plans seront soumis à l'Assemblée, pour être examinés, décrétés par elle, et soumis à l'acceptation royale (art. 4). Les décrets déjà rendus sur les municipalités seront envoyés aux assemblées coloniales avec pouvoir d'exécuter « la partie desdits décrets qui peut s'adapter aux convenances locales, » sauf la sanction provisoire du gouverneur et l'approbation de l'Assemblée et du Roi (art. 5). Les mêmes Assemblées énonceront leurs vœux sur les modifications qui pourraient être apportées au régime prohibitif du commerce avec la métropole (c'était alors une question très importante). L'Assemblée nationale déclare « qu'elle n'a entendu rien innover dans aucune des branches du commerce, soit direct, soit indirect de la France avec ses colonies, met les colons *et leurs propriétés* sous la sauvegarde spéciale de la nation, déclare criminel envers la nation quiconque *travaillerait* à exciter des soulèvements contre eux. » Elle déclare en outre qu'il n'y a lieu contre les colons à aucune inculpation (art. 6).

On voit que l'Assemblée commençait à s'émouvoir des excitations qui étaient adressées si ouvertement aux gens de couleur et aux esclaves. Le 28 mars elle adopta la très longue instruction qui avait été préparée en exécution de la loi du 8. Elle est suivie de dix-huit articles de loi. Les élections sont réglées.

L'article 4 décide que les personnes remplissant certaines conditions se réuniront pour nommer à l'Assemblée provinciale ; cet article donna lieu à des discussions très violentes, car l'on soutint que puisqu'il ne faisait aucune distinction, il autorisait les libres de couleur à voter avec les blancs. On répondait qu'une question d'une telle gravité ne pouvait être tranchée d'une manière aussi indirecte.

L'assemblée nommée par les colons se constitua à Saint-Marc, le 14 avril 1790, se déclara assemblée générale de la partie française, s'attribua les pouvoirs les plus étendus, et entra bien vite en lutte avec les autorités.

Jusqu'à l'insurrection des noirs en août 1791, toute la colonie fut livrée à une agitation déplorable. Les blancs se firent entre eux une guerre archarnée, puis se liguèrent pour se défendre contre les gens de couleur. Cette lutte n'est point sans intérêt, mais son récit complet nous obligerait à entrer dans trop de détails : nous nous bornerons à en exposer très brièvement les principaux traits, pour arriver le plus vite possible aux événements qui ont déterminé la ruine de cette florissante colonie, si affaiblie, depuis 1789, par ses divisions intestines.

III.

L'assemblée coloniale réclama, avec beaucoup de hauteur, une autonomie presque absolue, empiéta sur le pouvoir législatif, et traita le gouverneur, M. de Peynier, de telle façon qu'elle s'aliéna une partie des blancs. Elle voulut faire prêter un serment particulier à la colonie et profiter de l'indiscipline d'une partie de l'armée et de la marine, pour lever des troupes à elle, et contraindre le gouverneur et les fonctionnaires à se retirer en France. Les colons sont alors divisés en deux partis : les autonomistes exagérés, riches colons et négociants, défenseurs de l'Assemblée de Saint-Marc, qui se donnent le nom de *patriotes;* et ceux qui, se contentant des larges concessions faites par la loi du 8 mars, soutiennent le gouverneur, et sont qualifiés d'aristocrates par le parti opposé [1]. Le gouverneur, dans une proclamation à la fois ferme et modérée, fit ressortir les illéga-

---

[1] Les premiers étaient aussi appelés pompons rouges, et les autres pompons blancs.

lités commises par l'Assemblée, ses tentatives pour désorgani-
ser et insurger les soldats et la marine, et déclara qu'elle s'était
mise en révolte, et qu'il allait faire marcher des troupes sur
Saint-Marc, pour la dissoudre. Le Comité de l'ouest, établi à
Port-au-Prince par le même parti, refusa de se séparer; ses
partisans commencèrent par faire feu sur les soldats et en
tuèrent quelques-uns; mais le colonel de Mauduit réprima cette
émeute. Les patriotes crièrent au meurtre, au massacre, et leur
Assemblée se mit en pleine insurrection. Peynier fit marcher
deux colonnes sur Saint-Marc; les hommes de couleur se ran-
gèrent en grand nombre sous ses drapeaux, avec les volontaires blancs de beaucoup de paroisses. D'autres paroisses
séduites venaient au secours de l'Assemblée; mais elle déses-
pérait du succès. Quatre-vingt-cinq de ses membres se déci-
dèrent alors à s'embarquer sur le vaisseau *le Léopard*, dont
l'équipage s'était révolté et avait promis de les conduire en
France [1].

L'Assemblée constituante fut très émue en apprenant les événements qui venaient de se passer à Saint-Domingue [2]. Elle
appela à Paris les membres fugitifs de l'Assemblée coloniale. Le
12 octobre, après un rapport très étendu, présenté par Barnave
au nom du comité colonial, elle condamna formellement la conduite de l'Assemblée de Saint-Marc. Toutefois, pour rassurer
les colons, il fut voté que l'Assemblée nationale

.... a annoncé d'avance l'intention d'entendre leurs vœux sur
toutes les modifications qui pourraient être proposées aux lois prohi-
bitives du commerce, et la ferme volonté d'établir, *comme article
constitutionnel* dans leur organisation, qu'aucune loi *sur l'état des
personnes* ne sera décrétée, pour les colonies, que sur la demande
précise et formelle des assemblées coloniales.

La loi du 12 octobre adressait de vives félicitations aux corps
et aux milices qui s'étaient déclarés contre l'Assemblée de
Saint-Marc, à M. de Peynier et à tous ceux qui l'avaient soutenu,

---

[1] C'était par suite d'une méprise; les marins s'étaient laissé séduire par
cette qualification de *patriotes* et croyaient naïvement soutenir des révolutionnaires.

[2] Ils partirent en lançant des déclamations furieuses contre Peynier, Mauduit, etc., tous scélérats conspirateurs qui voulaient, suivant eux, bouleverser
Saint-Domingue « pour opérer en France une contre-révolution, dont la
colonie serait le foyer. »

notamment à MM. de Vincent et de Mauduit. L'Assemblée de Saint-Marc fut dissoute. Les actes abusifs des autonomistes étaient cassés, mais le principe de l'autonomie était proclamé. Cependant les partisans de l'Assemblée de Saint-Marc n'étaient point soumis.

En septembre 1790, le quarteron Ogé essaya de soulever les hommes de couleur ; il fut vaincu, et le 5 avril 1791 il était rompu vif avec son frère et Chavanne, son lieutenant ; vingt-deux de ses complices furent pendus. Cette tentative d'insur·rection et ces supplices jetèrent le plus grand trouble dans les esprits. Le général de Blanchelande,·successeur de Peynier, se vit attaqué par les partis les plus opposés. Les malveillants suscitèrent à Port-au-Prince une horrible sédition militaire. Des troupes envoyées de France y débarquèrent le 2 mars 1791. Les Léopardins réussirent à les soulever en répandant un faux décret qui désavouait celui du 12 octobre, et retirait l'approbation donnée par l'Assemblée au colonel de Mauduit. Des soldats et des marins insurgés envahirent la maison de Blanchelande, qui réussit à se sauver, et égorgèrent lâchement le brave Mauduit [1].

L'Assemblée constituante s'écarta un peu du système qu'elle avait adopté à l'égard de Saint-Domingue. Le 13 mai, on lui demanda de ne rien prononcer sur les esclaves qu'après la demande formelle et spontanée des Assemblées coloniales. Robespierre s'éleva très violemment contre cette proposition, en soutenant que l'Assemblée prononcerait ainsi son propre déshonneur : *Ah! périssent nos colonies, s'il fallait leur sacrifier notre gloire et notre liberté* 2! L'Assemblée finit par voter, le 15 mai, une disposition favorable à une certaine catégorie d'hommes de couleur.

L'Assemblée nationale décréta que le Corps législatif ne délibérera jamais sur l'état des gens de couleur qui *ne seraient pas nés de père et mère libres*, sans le vœu préalable, libre et spontané des colonies ; que les Assemblées coloniales actuellement existantes subsis-

---

[1] Son corps fut coupé en morceaux, sa tête promenée au bout d'une pique.

[2] Il ne dit point la fameuse phrase qu'on lui attribue généralement : « Périssent les colonies, plutôt qu'un principe ! » Mais Duport déclara qu'il « vaudrait mieux sacrifier les colonies qu'un principe. » Cela signifiait « Périssent les blancs, plutôt que les noirs restent en esclavage ! » Et c'est ce qui arriva.

teront, mais que les gens de couleur, nés de pères et mères libres, *seront admis dans toutes les Assemblées paroissiales et coloniales futures*, s'ils ont d'ailleurs les qualités requises.

Cette loi ne donnait en réalité les droits de citoyen qu'à un vingtième des gens de couleur, mais, quoi qu'on en ait dit, elle portait atteinte aux lois du 8 mars et du 12 octobre 1790, et les colons croyaient qu'à force de faire du tapage les partisans des hommes de couleur obtiendraient bientôt la concession des droits civiques à la caste tout entière, et qu'ils feraient proclamer ensuite l'affranchissement des esclaves. Ils s'empressèrent, pour sauvegarder leurs droits, de nommer une nouvelle assemblée coloniale, qui devait se réunir à Léogane. Dans toute la colonie, les blancs firent les protestations les plus violentes contre la loi du 15 mai, qui préparait leur ruine complète. La Constituante comprit que la situation était très grave, et décida, le 24 septembre, que le Corps législatif de France statuerait avec la sanction royale sur le régime extérieur des colonies, fixerait les lois qui règlent leurs relations commerciales et celles qui concernent leur défense ; sur ces sujets, les Assemblées coloniales ne pourraient présenter que des pétitions. Les lois sur l'état des personnes *non libres* et sur l'état politique des gens de couleur et nègres libres, avec les règlements relatifs à leur exécution, seraient faites par les Assemblées coloniales, s'exécuteraient provisoirement avec l'approbation du gouverneur et seraient portées directement à la sanction royale, « sans qu'aucun décret antérieur (art. 3) puisse porter obstacle au droit conféré par le présent article aux Assemblées coloniales. » En réalité, cet article abrogeait la loi du 15 mai par cette dernière phrase.

L'Assemblée constituante, lorsqu'elle délibérait sur cette loi si favorable aux colons, ne savait pas encore que Saint-Domingue venait d'être désolé par l'incendie et par le massacre d'une multitude de blancs, et que cette magnifique colonie était en grande partie ruinée.

IV.

La nouvelle Assemblée coloniale se réunit le 9 août à Léogane. La majeure partie de ses députés avait, disait-on, mandat impératif de combattre le décret du 15 mai. Elle fit quelques déclarations conciliantes, et décida ensuite qu'elle se réunirait au Cap le 25.

Il y avait eu en juin et en juillet quelques insurrections de noirs facilement réprimées. Mais, tout à coup, on vit dans la province du Nord les nègres se révolter et incendier les maisons des planteurs. Le 16 août, une habitation de la paroisse du Limbé fut incendiée et la révolte s'étendit quelques jours après dans toute la province; le 22, l'habitation Turpin est brûlée par ses nègres et par ceux des habitations voisines, commandés par un des leurs nommé Boukmann : cette bande commit des crimes horribles; elle portait comme drapeau un enfant blanc embroché au bout d'une pique. Elle fut ensuite défaite par les blancs, et son chef périt dans le combat. Mais les nègres soulevés incendièrent une multitude d'habitations et égorgèrent un grand nombre de blancs. Plusieurs membres de l'Assemblée coloniale, en se rendant au Cap, furent assaillis par les esclaves révoltés, et quatre d'entre eux furent assassinés. Des familles furent anéanties. Il est impossible de reproduire de pareilles scènes dans toute leur horreur. Blanchelande prit des mesures pour combattre les révoltés, mais bientôt il y eut encore de nouveaux incendies et de nouveaux massacres : les colons blancs furent obligés de fuir; la révolte s'étendit dans la colonie, mais surtout dans le nord, où les habitations et leurs récoltes étaient incendiées, les blancs égorgés souvent après d'horribles tortures, les femmes violées. Ceux qui avaient pu à grand'peine échapper au massacre se réfugiaient au Cap, dans le dénuement le plus complet. Bientôt de nombreux nègres se soulevèrent dans l'ouest, et Port-au-Prince fut menacé comme le Cap.

Alors commence pour les planteurs blancs une existence terrible. Les plus voisins des villes s'y étaient réfugiés. Ceux qui en étaient plus éloignés, qui voulaient sauver les débris de leur fortune, et dont tous les nègres ne s'étaient pas soulevés, virent que s'ils restaient dans leurs plantations disséminées, ils seraient tous égorgés en détail avec leurs femmes et leurs enfants. Ils se réunirent donc avec leurs familles dans des camps qu'ils fortifièrent de leur mieux, et d'où ils sortaient continuellement pour protéger leurs propriétés et disperser les rassemblements des nègres; souvent aussi ces derniers venaient les attaquer, et il fallait qu'une poignée de blancs repoussât l'assaut de plusieurs centaines de noirs. Dans cette guerre d'escarmouches continuelles, les colons firent preuve d'une énergie incroyable. La garde nationale des villes faisait aussi à chaque instant des sorties contre les insurgés. Les nègres, commandés souvent par des gens de couleur, se servaient des armes prises dans les habitations qu'ils avaient incendiées. Comme ils avaient pillé des magasins, ils possédaient quelques pièces de canon.

Des commissaires envoyés par l'Assemblée coloniale relatèrent dans leurs rapports quantité de faits atroces.

« A la Grande-Rivière, un habitant, M. C...., avait deux enfants naturels de couleur et à qui il avait donné la liberté, et dont il avait soigné l'enfance avec la plus tendre sollicitude : ils se présentent à lui le pistolet sur la gorge, lui demandent son argent ; il consent à leur demande ; à peine en sont-ils saisis, qu'ils le poignardent ! »

« A La Cul, M. C.... D., député à l'Assemblée générale, a été assassiné par un mulâtre de seize ans, son fils naturel, à qui il destinait sa fortune après l'avoir affranchi dès son adolescence [1]. »

Aux Cayemilles, les deux enfants d'une veuve blanche furent assassinés par leurs propres frères, qui étaient des hommes de couleur [2].

Les commissaires rapportent des scènes horribles, des viols commis dans des circonstances épouvantables ; un père, garrotté par les révoltés, les voit violer devant lui ses deux filles : ils sont ensuite égorgés tous les trois.

Souvent les esclaves les mieux traités par leurs maîtres ont excité les autres à la révolte et commis d'horribles cruautés. Il y avait parmi les incendiaires et les égorgeurs beaucoup de gens de couleur et quelques bandits blancs. Les hommes de couleur de la Limonade et d'autres quartiers voisins se réunirent à Sainte-Suzanne sous la conduite d'un mulâtre nommé Candy. Ce misérable brûla lui-même la cervelle à deux blancs de la Limonade et du Trou, et en fit périr d'autres après leur avoir fait subir d'horribles tourments ; le plus souvent il arrachait les yeux de ses victimes avec un tire-bourre.

[1] Archives nationales, DXXV, C. 66.
[2] Archives nationales, DXXV, C. 66.

Aux environs de Jérémie, des bandits de couleur envahirent la maison d'un propriétaire, violèrent devant lui sa femme enceinte de six mois, et lui ouvrirent le ventre pour jeter aux pourceaux l'enfant tout palpitant. Le père fut massacré ensuite.

A Léogane, plus de cinquante blancs subirent différents supplices. Le maire fut torturé avec des raffinements de cruauté tout particuliers : les brigands lui enlevèrent la peau de la plante des pieds et le forcèrent à marcher ensuite sur des charbons ardents. Ils finirent par le couper en morceaux [1]. D'autres bourreaux brûlaient lentement leurs victimes, qu'ils avaient attachées à des arbres résineux.

Les blancs armés luttèrent avec rage contre les révoltés et, malgré leur petit nombre, remportèrent sur eux des avantages sérieux. Des camps de nègres furent vigoureusement enlevés. Les révoltés étaient retranchés dans la forte position du Limbé, et de là désolaient tout le pays environnant. Une expédition fut organisée en quatre colonnes de quatre cents hommes chacune; après avoir enlevé plusieurs petits camps, elles arrivèrent au Limbé, où il leur fallut forcer des retranchements très solides et défendus avec beaucoup d'énergie. Cependant les blancs les emportèrent et firent un carnage affreux des révoltés. Ils y trouvèrent quarante femmes blanches prisonnières, que les nègres n'avaient épargnées d'abord que pour assouvir sur elles leur brutalité. Ils n'eurent pas le temps de les égorger, mais dans un autre camp on trouva les corps de cent soixante-dix-huit blancs qu'ils avaient décapités avant de s'enfuir. Dans un autre endroit ils portaient pour drapeau un enfant blanc de deux ans qu'ils avaient empalé vivant au bout d'une gaule. Plus loin on trouva encore trente blancs pendus. Il ne faut donc pas s'étonner que les colons et les soldats se soient livrés à des représailles terribles.

Les derniers mois de 1791 se passèrent à lutter contre les noirs. Mille blancs environ avaient été égorgés par les insurgés; beaucoup d'autres périrent dans ces combats continuels, et aussi par suite des maladies qui vinrent les assaillir, à la suite des fatigues, des marches forcées, des privations de cette guerre faite sous un climat dangereux et souvent dans des endroits

______

[1] Arch. nationales, DXXV, C. 66.

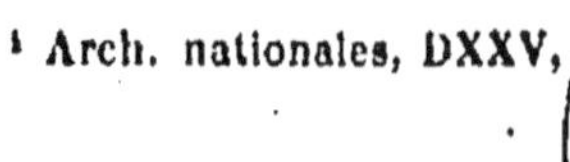

2

malsains. Il y avait très peu de troupes régulières à Saint-Domingue ; elles aidèrent les colons autant que possible, mais il fallait former une quantité de petits détachements pour repousser les continuelles incursions des bandes nègres ; on estimait à cinquante mille le nombre des révoltés. Serrés de trop près, ces derniers se réfugiaient dans les montagnes, où il était très difficile de les poursuivre. Ils s'enfuyaient aussi sur le territoire espagnol, où ils entraient très facilement.

Comment se fait-il que les nègres qui, jusqu'alors, avaient paru ne s'inquiéter nullement des violentes discussions qui s'étaient élevées entre les blancs et les gens de couleur, se soient révoltés en si grand nombre, et presque en même temps? Les colons ont soutenu que les hommes de couleur avaient soulevé les noirs afin de détruire, où tout au moins de réduire considérablement en nombre la race blanche, et de dominer ainsi à Saint-Domingue. On aurait probablement tort d'étendre cette accusation à la classe entière des gens de couleur, mais il paraît certain que beaucoup d'entre eux furent assez pervers et assez imprévoyants pour provoquer le soulèvement des noirs, et parfois s'associer à leurs excès. Beaucoup d'autres essayèrent ensuite d'exploiter cet affreux désastre à leur profit.

Saint-Domingue était infesté d'agents révolutionnaires de la pire espèce, qui poussaient les habitants du pays à commettre les mêmes excès que les révolutionnaires de la métropole. Un parti se mit à imputer aux autorités royales, aux contre-révolutionnaires, tous les maux dont la colonie était accablée. De même qu'en France on accusait les aristocrates de brûler leurs propres châteaux pour calomnier le bon peuple, à Saint-Domingue on les accusa d'avoir soulevé leurs nègres, incendié leurs habitations et leurs récoltes. Pour opérer la contre-révolution, les planteurs avaient brûlé les propriétés, fait égorger les blancs et violer les blanches ! L'insurrection, d'après ces révolutionnaires, était royaliste, car beaucoup de nègres, voulant singer les militaires de l'armée royale, les seuls qu'ils connussent, se décernèrent des grades, prirent la cocarde blanche, le drapeau blanc, et adoptèrent certains termes en usage dans l'armée royale. On prétendait que les contre-révolutionnaires de France voulaient faire ainsi de la colonie un Coblenz, un refuge pour les princes, et un centre de contre-révolution.

Depuis le décret du 15 mai, la guerre civile entre les blancs et les gens de couleur semblait imminente ; des deux côtés on s'armait ; les gens de couleur criaient, en vrais révolutionnaires, que les blancs voulaient les égorger en masse. Après les massacres des noirs, les blancs ne virent plus dans les gens de couleur que des ennemis ne cherchant qu'à leur tirer dans le dos, et parfois se livrèrent contre eux aux plus graves excès. L'Assemblée coloniale essaya de calmer les esprits. Il fallait lutter contre l'insurrection, et en outre on redoutait la famine. L'assemblée demanda un secours prompt et fraternel à toutes les puissances voisines, surtout aux Anglais de la Jamaïque et aux États-Unis. Les Américains seuls fournirent des secours réels en approvisionnements. Ceux qui avaient pour système de crier toujours à la trahison accusèrent les colons d'avoir voulu alors se donner à l'Angleterre, qui ne leur accorda que peu de secours.

L'Assemblée coloniale décida que chacun de ses membres porterait comme signe distinctif une écharpe de crêpe noir en signe de deuil. Les membres de l'Assemblée provinciale du Cap porteraient une écharpe rouge, « image du sang dont le territoire est arrosé. » Cette assemblée fit quelques avances aux gens de couleur, mais elles furent inutiles. Ils avaient profité du soulèvement des noirs pour se mettre en guerre ouverte contre les blancs dans beaucoup de localités. Dans l'ouest, où les nègres étaient restés relativement tranquilles, ils se mirent réellement en insurrection. La guerre fut déclarée entre eux et la ville de Port-au-Prince, où dominaient des petits blancs très violents et très révolutionnaires. Les bandes des gens de couleur prirent pour siège de leurs opérations la riche paroisse de la Croix-des-Bouquets, à quatre lieues de Port-au-Prince, sous la direction de Pinchinat, Beauvais, Pétion, Rigaud, qui devaient jouer un rôle très important dans les affaires de Saint-Domingue. Un propriétaire blanc, Hanus de Jumécourt, chevalier de Saint-Louis, ancien officier, convainquit une partie des colons de la nécessité d'une entente complète entre les blancs et les gens de couleur pour maintenir les nègres et devint le chef d'une sorte de confédération. Les propriétaires blancs de l'ouest virent trop clairement que s'ils n'accédaient pas aux exigences vraiment exorbitantes des gens de couleur, le sort affreux des propriétaires du nord leur était réservé, et conclurent avec les gens de couleur, le 11 septembre, un arrangement qui fut appelé le Concordat de la Croix-des-Bouquets. Par ce traité, les blancs s'aplatissent complètement ; la loi du 15 mai n'est pas seulement proclamée, mais son bénéfice est étendu à tous les gens de couleur. Toutes les assemblées et municipalités à l'élection desquelles ils n'ont pas coopéré sont déclarées dissoutes et seront remplacées par tous les libres, sans distinction de couleur. Les concessions les plus graves et les plus humiliantes pour les blancs sont accordées aux gens de couleur, qui se réservent certaines vengeances et restent en armes et organisés militairement jusqu'à ce qu'ils daignent reconnaître que les décrets de l'Assemblée nationale (d'après leur interprétation à eux) sont bien exécutés à leur égard. On a dit, non sans raison, que certains blancs avaient cédé parce que les gens de couleur étaient venus, *la torche et le poignard à la main*, leur imposer ce traité.

Aussitôt les gens de couleur se mirent à l'exécuter euxmêmes et même à l'étendre encore avec la plus grande impudence. Blanchelande déclara à Jumécourt qu'il était illégal, et le 11 octobre l'Assemblée coloniale annula ce concordat par lequel on avait osé prononcer sa déchéance.

Un second traité du 19 octobre confirma et même aggrava celui du 11 septembre. Port-au-Prince finit par y accéder, et il fut décidé que la ville recevrait avec une grande solennité quinze cents hommes de couleur [1] armés qui viendraient s'y installer. Le 5 novembre, l'Assemblée coloniale offrit une amnistie aux gens de couleur armés, en déclarant qu'elle s'occuperait seulement de leur état politique lorsqu'ils se seraient réunis aux blancs pour étouffer la révolte des nègres ; et le 7, elle déclara que les traités arrachés par la violence ne valaient rien. Le 21 novembre, le traité des confédérés avec Port-au-Prince devait être solennellement ratifié dans cette ville. A la suite d'un acte d'agression commis par un nègre faisant partie de l'armée des gens de couleur, ces derniers entrèrent en lutte avec la garde nationale et la troupe, et finirent par se retirer de la

---

[1] Les hommes de couleur violèrent le traité en faisant entrer près de *trois mille hommes* dans la ville, avec deux cents nègres esclaves qu'ils avaient enrôlés, ils se résignèrent cependant à renvoyer ces derniers.

ville [1] en mettant le feu à quelques maisons; mais l'incendie s'étendit au loin et anéantit une partie importante de Port-au-Prince. La guerre entre les confédérés et les blancs reprit avec plus de violence que jamais, et les deux partis commirent des atrocités.

V.

Telle était la situation de Saint-Domingue lorsque trois commissaires, envoyés par le roi pour y rétablir l'ordre, arrivèrent au Cap le 28 novembre. C'étaient de Mirbeck, avocat distingué au conseil d'État, qui avait été chargé, à ce titre, de beaucoup d'affaires pour la colonie; Roume de Saint-Laurent, créole de la Grenade, qui avait exercé des fonctions dans les Antilles, et de Saint-Léger, qui avait séjourné quelque temps à Tabago comme médecin et interprète de la langue anglaise. Ils apprirent seulement en débarquant les malheurs affreux qui venaient de fondre sur la colonie. On leur fit une réception très solennelle [2].

Les commissaires voulurent entrer d'abord en négociation avec Jean François et Biassou, chefs des nègres révoltés, pour leur faire connaître l'amnistie qu'ils apportaient. Ils espéraient naïvement que ces chefs l'accepteraient avec bonheur et détermineraient leurs nègres à se soumettre et à reprendre leurs travaux. Mais ils ne réussirent qu'à se faire ridiculement jouer par ces brigands.

La publication de la loi du 24 septembre paraissait devoir porter un coup terrible aux prétentions des gens de couleur. Mais ils déclarèrent, avec un aplomb superbe, que les concordats qu'ils avaient imposés pour faire reconnaître les droits civiques à tous les gens de couleur, sans exception, appliquaient la loi

[1] Ils ne perdirent que sept hommes.

[2] « Tous ceux qui nous ont parlé (écrirent-ils à Paris) s'accordent à dire que les esclaves révoltés sont au nombre de plus de cinquante mille, qu'ils ont fait périr dans des supplices affreux plus de mille blancs, qu'ils retiennent parmi eux un nombre considérable de femmes blanches pour assouvir leur brutalité. Quant aux pertes, les supputations les plus modérées les font monter à quatre cents millions argent des colonies. » Il faut diminuer cette somme du tiers pour avoir l'équivalent en francs. Joubert, président de l'Assemblée du Nord, leur adressa un terrible réquisitoire contre les meneurs des gens de couleur. « Il n'est pas de puissance humaine qui puisse réparer les maux qu'ils nous ont faits, qui puisse nous les faire oublier, mais votre présence peut en arrêter le cours. » (Archives nationales, DXXV, C. 1.)

du 24 septembre. Cette loi, disaient-ils, charge les colonies de statuer sur notre état ; elles ont déjà tranché la question en notre faveur par ces concordats. Mais la loi en chargeait textuellement « les assemblées coloniales actuellement existantes, » et ils affectaient de ne pas reconnaître celle de Saint-Domingue qui était chargée de statuer sur leur condition politique. Il fallait une prodigieuse impudence pour soutenir en outre qu'un traité plus ou moins extorqué à un certain nombre de paroisses représentait la volonté de la colonie. Néanmoins le comité insurrectionnel des gens de couleur voulut imposer ce système par force, et bloqua étroitement Port-au-Prince. Il affecta de reconnaître l'autorité des commissaires, mais continua à protester contre l'existence de l'Assemblée coloniale, et s'érigea en gouvernement de la province de l'Ouest.

Les commissaires, bien qu'animés des dispositions les plus conciliantes, furent obligés de reconnaître que ces confédérés s'étaient mis en insurrection ouverte, et cassèrent solennellement, le 21 novembre, les deux concordats de la Croix-des-Bouquets. Les gens de couleur leur répondirent par des atrocités [1].

Dans le sud, soixante lieues de côtes étaient désertes. Six mille colons étaient réfugiés aux Cayes pour échapper à la révolte combinée des nègres et des gens de couleur.

Saint-Léger alla visiter Port-au-Prince, et y prêcha la paix. Mais bientôt les autorités et les habitants trouvèrent suspectes ses conférences avec les gens de couleur, et l'on proposa dans l'Assemblée provinciale de se débarrasser de lui en l'embarquant de force. Il quitta Port-au-Prince [2]. Ses collègues écrivaient en

---

[1] Ils portaient à leurs chapeaux des oreilles coupées comme des cocardes. (Il ne faut pas oublier que de nombreux révolutionnaires français, dans les guerres de l'Ouest, adoptèrent cet horrible usage.) Au Petit-Goave, quarante blancs furent arrêtés par eux, attachés les uns aux autres, et conduits à une fosse, où ils les entassèrent après leur avoir coupé les jambes, et avoir fait de leurs corps autant de cibles sur lesquelles ils s'exerçaient ; et, après les avoir entassés ainsi, l'un d'eux monta sur ce tas de cadavres, et proclama ironiquement l'amnistie décrétée par la loi du 28 septembre. Près de Port-au-Prince, les gens de couleur saluèrent la nouvelle de cette amnistie en canonnant la ville.

[2] Les commissaires, dans une lettre du 10 janvier, disaient avec trop de raison de la colonie : « L'enfer y a vomi toutes ses furies ; il n'y a pas de jour, pas de lieu qui ne soient témoins de crimes abominables. Les hommes les plus généreux sont devenus des tigres insatiables de sang. » (Archives nationales, DXXV, C. 1.)

même temps, le 20 février, au ministre de la marine, une lettre presque désespérée. Ils s'étaient bercés de l'espoir de réconcilier les blancs et les gens de couleur, et ils sont maintenant furieux de la conduite de ces derniers :

« Leurs crimes sont si atroces qu'il serait impossible de leur pardonner, et même, si on le faisait, ils n'y croiraient pas. Ces scélérats viennent de faire révolter les esclaves de la province du Sud, où des meurtres et des incendies menacent d'anéantir l'espèce blanche et toutes les propriétés. »

Il faut venir en aide aux colons complètement ruinés qui ne pourront rien payer avant trois ans de tranquillité. Ils évaluent ces avances, en vivres, vêtements, instruments de culture, à quatre-vingts millions tournois pour la première année et soixante pour les deux suivantes.

Saint-Léger devint de plus en plus suspect à l'Assemblée provinciale de l'Ouest, qui se mit en révolte ouverte contre lui. Il reconnut qu'il ne pouvait pas lutter contre les colons, et le 8 avril, il s'embarqua pour la France, sans s'inquiéter des autres commissaires. « Quand ma lettre vous parviendra, leur écrit-il le même jour, je serai bien loin de la colonie. »

Il ne se doutait guère que son collègue de Mirbeck, dégoûté de lutter constamment avec l'Assemblée coloniale, où il avait été aussi question de l'embarquer, était parti avant lui pour la France [1]. Roume, qui était intrigant et vaniteux, signa avec de Mirbeck une proclamation qui annonçait leur départ, mais déclara au dernier moment qu'il restait, et entendait exercer à lui seul tous les pouvoirs des trois commissaires. Alors s'engagea une lutte comique entre Roume et l'Assemblée coloniale, qui défendait de lui obéir.

Mais on apprit bientôt que l'Assemblée législative de France venait d'adopter pour Saint-Domingue un système tout opposé à celui de la Constituante.

On allait envoyer des troupes à Saint-Domingue : les ennemis des planteurs résolurent de faire décréter par l'Assemblée législative qu'elles n'appliqueraient pas la loi du 24 septembre, mais le concordat de la Croix-des-Bouquets, qui la détruisait. Brissot

---

[1] Le 25 mars, Blanchelande et les commissaires faillirent être victimes d'une émeute. L'embarquement forcé de Blanchelande avait été décidé un moment.

se signala par ses calomnies contre les planteurs : il prétendit trouver les preuves d'une odieuse trahison dans leurs demandes de secours à la Jamaïque, aux États-Unis [1], à l'Espagne. Vergniaud soutint effrontément qu'on pouvait adopter le concordat de la Croix-des-Bouquets sans violer la loi du 24 septembre, puisque, suivant lui, les blancs avaient usé de leur initiative. Brissot demanda la mise en accusation de Blanchelande et de l'Assemblée coloniale ; l'écharpe noire qu'elle avait adoptée en signe de deuil fut impudemment représentée par Brissot comme la preuve de son parti pris de livrer la colonie aux Anglais. L'Assemblée finit par déclarer, le 7 décembre, que l'union des gens de couleur et des blancs « a contribué principalement à arrêter la révolte des nègres (ce qui était inexact), qu'elle a donné lieu à des concordats entre ces deux races, et sans s'expliquer sur leur valeur (ce qu'elle aurait dû faire), elle décrète : « Que le roi sera invité à donner des ordres, afin que les forces nationales destinées pour Saint-Domingue ne puissent être employées *que pour réprimer la révolte des noirs*, sans qu'elles puissent agir *directement ni indirectement* pour protéger ou favoriser les atteintes qui pourraient être portées à l'état des hommes de couleur libres, tel qu'il a été fixé à Saint-Domingue à l'époque du mois de septembre dernier. »

Le parti girondin fit voter, les 28 mars-4 avril, un décret accordant à tous les libres l'égalité des droits politiques. Dans les considérants, l'Assemblée adopte les calomnies de Brissot, en attribuant le soulèvement des nègres à une conspiration liée avec d'autres, dirigées contre la France [2]; le décret envoie à Saint-Domingue trois commissaires investis de pouvoirs dictatoriaux. On y expédiera avec eux des troupes composées en grande partie de gardes nationales. Les Assemblées coloniales émettront, au nom de chaque colonie, leur vœu sur sa constitution et sa législation. Les officiers généraux, administrateurs, ordonnateurs, et les commissaires civils nommés *pour cette fois seulement, particulièrement pour l'exécution du présent décret,*

---

[1] A la séance du 10 décembre 1790, Roustan, chargé de cette mission auprès du congrès, réfuta péremptoirement cette calomnie.

[2] « Les massacres, dit-il d'un air triomphant, ont commencé le 21 août, au moment où l'on apprenait la fuite du roi à Varennes ; évidemment ils ont été organisés par les contre-révolutionnaires ! » Et il en accuse Blanchelande !

ne pourront être choisis parmi des citoyens ayant des propriétés dans les colonies d'Amérique (art. 15). Ces pouvoirs exorbitants furent encore augmentés par la loi des 15-22 juin suivants.

L'Assemblée remettait en réalité le pouvoir aux confédérations des gens de couleur [1].

Aussitôt que la loi des 28 mars-4 avril fut arrivée dans la colonie, Roume la communiqua à l'Assemblée coloniale, qui déclara s'y soumettre. Il se mit plus que jamais à la disposition des gens de couleur. Leur prétendu conseil de paix et d'union établi à Saint-Marc obtint du commissaire des mesures véritables de réaction et de vengeance contre ses anciens adversaires. Beaucoup d'habitants de Port-au-Prince furent désignés par lui à Roume, qui les proscrivit, et employa toutes les forces de la colonie à assurer l'exécution de ses ordres [2]. Lorsque les proscriptions furent terminées, les gens de couleur rentrèrent à Port-au-Prince; ils lui imposèrent une réception solennelle [3].

Ce fut seulement à la fin de juillet que Roume reçut de Lacoste, ministre de la marine, une lettre du 11 juin qui le blâmait vivement d'être resté seul à Saint-Domingue et d'avoir usurpé les pouvoirs de la commission entière : elle lui enjoignait en outre de revenir au plus vite.

La loi du 4 avril avait donné aux gens de couleur tout ce qu'ils demandaient, mais elle n'améliora nullement la situa-

---

[1] Elle se flattait vainement de réparer tant de ruines. Avant la catastrophe, les produits de toute la colonie étaient évalués à 220 millions; la province du Nord, si ravagée par les nègres, en fournissait 95 à 100; en 1792, elle ne rapportait plus que trente millions. La moitié des caféières, presque toutes les sucreries avaient été incendiées. Sur vingt-six paroisses, quinze étaient entièrement dévastées, les autres avaient beaucoup souffert. Les deux autres provinces avaient éprouvé de grandes pertes.

[2] La liste des proscrits déportés par Roume, de Port-au-Prince en France ou aux États-Unis, sur la demande des gens de couleur, porte quarante-quatre noms d'hommes et cinq de femmes. Praloto, révolutionnaire ardent, capitaine d'une compagnie d'artilleurs volontaires, dont des gens de couleur avaient déjà exigé la proscription, figurait en tête; il fut quelques jours après victime d'un mystérieux assassinat. Borel, membre important du parti léopardin, fut arrêté avec 126 colons et maintenu longtemps par le comité dans ses prisons. On craignit pour lui le sort de Praloto. Dans une lettre du 10 juillet au ministre de la marine, Roume reconnaît que ses déportations sont illégales, « mais sans cette mesure, il eût été impossible de ne pas verser des flots de sang. » C'est l'argument ordinaire des gens qui s'aplatissent devant les terroristes (Arch. nat., DXXV, C. 2).

[3] Tous les détachements de troupes qui leur avaient résisté furent éloignés de Port-au-Prince sous d'hypocrites prétextes.

tion de la colonie. Les noirs révoltés continuaient leurs ravages [1]..

Les hommes de couleur, triomphants, voulaient à la fois rester armés et organisés militairement, et désarmer les blancs, qu'ils accusaient d'intentions hostiles. On leur avait tout cédé pour arriver à l'union des deux classes qui allait, disait-on, tout sauver [2], et cette union était inefficace, et les gens de couleur ne songeaient qu'à opprimer les blancs. Cette malheureuse colonie n'aurait pu être sauvée que par des gouvernants énergiques et indépendants de l'Assemblée législative.

VI.

Trois nouveaux commissaires, Sonthonax, Polverel, Ailhaud, furent envoyés à Saint-Domingue, en exécution de la loi des 28 mars-4 avril. Sonthonax, avocat très obscur au Parlement de Paris, originaire d'Oyonnax dans le Bugey, s'était fait politicien dès le commencement de la Révolution. Il avait collaboré aux *Révolutions de Paris*, s'était mis à la suite de Brissot et de Condorcet, et avait écrit en faveur des gens de couleur. C'était alors un de ces girondins ardents qui devaient, plus tard, devenir si aisément de parfaits jacobins. Il était surtout impudent. Ce disciple de Brissot apportait à Saint-Domingue les préventions, on peut même dire les haines aveugles de sa coterie contre les riches planteurs.

Polverel, doyen d'âge de la commission, avait été aussi avocat au Parlement de Paris ; en dernier lieu, il faisait partie de la nouvelle magistrature. C'était un jurisconsulte plus sérieux que Sonthonax; il était aussi plus circonspect.

Ailhaud était beaucoup plus modéré que ses collègues; aussi fut-il obligé bientôt de les quitter. Il avait été fonctionnaire dans les colonies.

On leur remit des instructions assez modérées (17 juin 1792). Elles sont précédées d'un exposé très véridique de la déplorable situation de Saint-Domingue. La loi du 4 avril (y est-il dit) fait aux nouveaux commissaires une situation bien plus nette que celle de leurs prédécesseurs. Ils seront aussi mieux

---

[1] Les blancs les attaquèrent, et furent repoussés avec des pertes sensibles.

[2] Roume, dans une proclamation, recommanda aux gens de couleur de s'unir à tous les libres pour *retenir dans la servitude* la classe des *non libres*.

soutenus, car ils vont arriver avec quatre mille gardes natio-
naux et deux mille soldats de la ligne, et ils trouveront dans la
colonie une force militaire de cinq à six mille hommes (dont
malheureusement une partie était à l'hopital); ils auront donc
treize à quatorze mille soldats à leur disposition, sans compter
la marine, mais ils devront éviter autant que possible de recourir à la force. L'instruction leur recommande en somme beaucoup de ménagements. Il leur faudra sans doute dissoudre l'Assemblée coloniale, mais ils devront d'abord se faire reconnaître
par elle, et ils demanderont à celle qui lui succédera d'émettre
son vœu sur l'organisation de la colonie. Blanchelande, quoique
rappelé, devra continuer les fonctions de gouverneur jusqu'à
l'installation de son successeur, le général d'Esparbès, qui se
rend à Saint-Domingue avec la commission [1].

Ces commissaires du roi arrivèrent au Cap le 17 septembre
1792. Avant même le départ de cette expédition, ils s'étaient
brouillés avec le général d'Esparbès au sujet de leurs pouvoirs
respectifs. De Cambis, commandant du convoi, était parvenu,
non sans difficulté, à les faire vivre en paix pendant la traversée;
mais, à peine arrivés au Cap, ils entrèrent en lutte. Leur secrétaire
Delpech fut envoyé en avant sur un petit bâtiment qui arriva
au Cap le 12 septembre, et en repartit le 14 avec des dépêches
du gouverneur et de plusieurs fonctionnaires, et accompagné
d'une corvette de la station maritime qui portait des députations
de l'Assemblée coloniale, de l'Assemblée provinciale du Nord,
de la municipalité et de la garde nationale du Cap; le 15 ces deux
bâtiments rejoignirent le convoi. Les députations vinrent trouver
les commissaires (qui n'étaient point sans quelque inquiétude sur
la réception qui leur serait faite), et les assurèrent de la soumission complète de la colonie à la loi du 28 mars. Les commissaires reçurent aussi une lettre de Pouget, ordonnateur et
directeur des finances, qui leur donnait des renseignements
très graves sur la situation de la colonie. L'argent manquait, et
Pouget n'avait rien de ce qu'il fallait pour accueillir les troupes
amenées par les commissaires. Ils reçurent aussi de Blanche-

---

[1] Ils pourront se partager la colonie. Lorsque la commission sera réduite à
deux membres, s'il y a dissentiment entre eux, et s'ils ne croient pas devoir
attendre le troisième commissaire, l'avis du plus âgé prévaudra. Archives nationales, DXXV, C. 4.

lande ses réponses à une série de questions qu'ils lui avaient envoyées, et elles n'étaient pas encourageantes.

Blanchelande leur envoya en outre son opinion sur la situation politique de la colonie, et les invita à prendre des mesures très rigoureuses et à user énergiquement des grands pouvoirs qui leur étaient accordés par les lois des 28 mars et 22 juin.

Les commissaires, quoique d'humeur très despotique, n'étaient point disposés à agir aussi franchement. Ils se brouillèrent de nouveau, lors du débarquement, avec le général d'Esparbès, qu'ils prétendaient traiter en subalterne. Le 20 septembre, jour de leur réception officielle, les Assemblées et les corps patriotiques se réunirent à l'église, où l'on chanta un *Te Deum*. Le discours de d'Augy, président de l'Assemblée coloniale, montre combien la situation était grave.

« La dictature qui vous est confiée par le roi des Français, dit d'Augy en commençant, nous garantit votre patriotisme.... *Nous sommes dans vos mains comme le vase d'argile que vous pouvez briser à l'instant même.* » Il est donc nécessaire de leur apprendre une vérité mal connue de leurs prédécesseurs. « Cette vérité sentie à la fin par l'Assemblée constituante, c'est qu'il ne peut y avoir de culture à Saint-Domingue sans l'esclavage ; c'est qu'on n'y a point été chercher et acheter à la côte d'Afrique cinq cent mille sauvages esclaves pour les introduire dans la colonie *en qualité et au titre de citoyens français;* c'est que leur subsistance comme libres est physiquement incompatible avec l'existence de nos frères européens. »

Quand bien même, ajoute-t-il, vous voudriez sacrifier nos biens plutôt que de souffrir l'esclavage, vous ne pourriez agir ainsi « sans joindre à l'injustice la plus criante la barbarie la plus homicide ; » il faudrait alors renvoyer les nègres là où on les a pris, car nos terres sont des propriétés garanties par la Constitution, et l'on ne peut nous imposer d'y souffrir des êtres que la liberté mènerait de suite au vagabondage, au pillage, aux dévastations, aux assassinats. « Voilà pourquoi l'Assemblée constituante nous a délégué le pouvoir législatif sur les non libres. » Il montre ensuite que l'esclavage n'est pas aussi dur que certains publicistes le prétendent, soutient les droits des colons, et se plaint des calomnies atroces qu'on a répandues contre eux en les accusant d'avoir provoqué les troubles [1].

Dans leurs réponses, les commissaires s'étudièrent à calmer les appréhensions des colons. Ce fut Sonthonax, le plus ardent des trois contre l'esclavage, qui se prononça le plus catégoriquement pour son maintien. Après avoir déclaré qu'il n'y avait plus dans la colonie que des hommes libres sans distinction de couleur, et des esclaves, il donna toute satisfaction aux propriétaires d'esclaves :

« Nous déclarons qu'aux assemblées coloniales seules, constitutionnellement formées, appartient le droit de prononcer sur le sort des esclaves.

« Nous déclarons que l'esclavage est nécessaire à la culture et à la prospérité des colonies, et qu'il n'est ni dans les principes ni dans la volonté de l'Assemblée nationale de France de toucher à cet égard aux prérogatives des colons [2]. »

Et l'homme qui fait cette déclaration si formelle en faveur de l'esclavage l'abolira quelques mois plus tard de son autorité privée, mais dans l'intérêt de son pouvoir personnel! Du reste, à Paris, ceux qui venaient de faire le 10 août ne songeaient pas à l'abolition de l'esclavage. Quelques jours après, les commissaires recevaient de Monge, le nouveau ministre de la marine, une lettre datée du 25 août, qui leur annonçait la confirmation de leurs pouvoirs par la loi du 17 [3], et les engageait à user de ménagements. « Il est inutile, disait le ministre, de rappeler que l'égalité des droits politiques accordés aux hommes de couleur et nègres libres ne saurait *souffrir d'extension* [4]. »

Les commissaires prennent aussitôt des allures dictatoriales : ils proclament que les agents du pouvoir exécutif « ne sont et ne doivent être dans leurs mains que les instruments passifs de leurs réquisitions. » Aucun bâtiment de l'État ne peut quitter la colonie sans leur consentement par écrit. Dans une proclamation du 24, ils déclarent qu'il poursuivront « également les ennemis de la loi du 4 avril et les méprisables conspirateurs

---

[1] Arch. nat., DXXV, C. 2.

[2] Arch., *ibid*.

[3] Ce décret confirme leurs pouvoirs, enjoint aux fonctionnaires d'exécuter ponctuellement leurs ordres, déclare traître à la patrie tout corps civil ou militaire, tout citoyen qui ne leur obéirait pas.

[4] Arch. nat., DXXV, C. 11.

qui ont voulu faire des citoyens *ci-devant qualifiés de couleur* une spéculation contre-révolutionnaire. » Ainsi les propriétaires blancs qui se sont séparé des Léopardins et ont tant concédé aux gens de couleur vont être persécutés comme contre-révolutionnaires. Les commissaires veulent anéantir la classe entière des propriétaires, quelle qu'ait été leur attitude politique, afin d'assurer la prédominance des gens de couleur, et parmi ces derniers ils ne favoriseront que ce qu'on peut appeler la populace : le propriétaire de couleur leur sera suspect.

Ils s'empressèrent d'agir contre Blanchelande, qui était odieux aux autonomistes exagérés pour avoir d'abord résisté à leurs usurpations, puis obéi à son gouvernement en exécutant la loi du 4 avril, sous les ordres de Roume. Les commissaires ne lui en tinrent aucun compte, et écoutèrent ses ennemis. Ceux-ci, dès le 19 septembre, eurent l'impudence de l'accuser, ainsi que le colonel Cambefort, d'avoir conspiré la perte de Saint-Domingue, et d'être d'intelligence avec les noirs révoltés. Du reste, cette accusation absurde sera portée contre tous les chefs militaires qui se succéderont à Saint-Domingue. Le 21 septembre, l'Assemblée coloniale, présidée par d'Augy, le dénonça formellement aux commissaires, qui, le 29, lui firent subir un long interrogatoire. Ils déclarèrent, le 30 septembre, qu'aucun des faits à lui imputés n'était « à la fois assez grave et assez prouvé » pour qu'on pût voir en lui un conspirateur, mais qu'il subsistait encore trop de soupçons contre lui pour qu'on pût négliger d'éclaircir tous les doutes ; que d'ailleurs le cri général de la colonie lui est contraire, et qu'on ne peut sans danger le laisser plus longtemps à Saint-Domingue ; en conséquence il n'y a pas lieu de le constituer, quant à présent, en arrestation ; il sera embarqué pour la France le 4 octobre, et devra se mettre à la disposition de l'Assemblée nationale et lui rendre compte [1].

Après s'être débarrassés ainsi du général qui était à Saint-Domingue avant leur arrivée, ils ne devaient point tarder à renvoyer celui qui était venu avec eux. Le 27 septembre, ils envoyaient une réquisition à d'Esparbès, dans laquelle ils se disaient pressés, et par des pétitions individuelles, et par des demandes des corps populaires, « de requérir sans délai une attaque gé-

---

[1] Arch. nat., DXXV, C. 4.

nérale. » S'il doute du succès, elle ne sera point faite : ils le requièrent donc « de nous déclarer, *dans le jour, s'il croit ou s'il ne croit pas* que les forces dont il a actuellement la disposition suffisent pour entreprendre incessamment la réduction des esclaves révoltés. » Il leur répondit, avec raison, qu'il ne pouvait, en si peu de temps, assurer le succès d'une expédition. Suivant l'habitude des autorités révolutionnaires, les commissaires voulaient faire peser sur sa tête, en cas d'échec, une terrible responsabilité. L'agitation était très vive au Cap, et les esprits étaient surexcités par les nouvelles de France. Bien des hommes turbulents et violents ne songeaient qu'à reproduire dans la colonie les excès que les révolutionnaires commettaient, surtout depuis le 10 août, dans la mère patrie. Il s'était formé au Cap, sous le nom de club des Amis de la Convention nationale, un véritable club des Jacobins. Certains colons, renforcés par des aventuriers venus d'Europe, singeaient les Jacobins de Paris, criaient à la trahison contre d'Esparbès et les militaires coupables de ne pas écraser les noirs révoltés d'un seul coup, et réclamaient l'embarquement de tous ceux qui leur déplaisaient. Le 22 octobre, les commissaires écrivaient au ministre de la marine que les citoyens refusaient de marcher contre les noirs sous les chefs qui avaient la confiance de d'Esparbès, parce qu'ils les regardaient comme contre-révolutionnaires et coupables d'intelligences avec les révoltés, et exigeaient leur embarquement. Déjà, le 12 octobre, les commissaires, effrayés de leur violence, et craignant pour eux-mêmes, les avaient, dans une odieuse proclamation, suppliés de rester calmes, et leur avaient annoncé que la colonie allait bientôt nommer ses dix-huit députés à Paris, et une nouvelle assemblée coloniale ; en attendant, une commission intermédiaire, établie sans distinction de couleurs [1], devait l'administrer. Les assemblées provinciales n'ayant pas été nommées par tous les hommes libres, depuis la loi des 28 mars-4 avril, ne représentaient plus

---

[1] L'Assemblée coloniale devait élire six membres de cette commission ; et les commissaires, six autres parmi ceux qui n'étaient pas légalement représentés. Ils nommèrent cinq hommes de couleur et un nègre. Cette commission devait continuer les fonctions de l'Assemblée coloniale ; ses arrêtés seraient approuvés par les commissaires. Sa création n'était nullement autorisée par leurs pouvoirs, et elle constituait un grave empiétement sur les droits des électeurs.

la colonie, et allaient être remplacées. Ils proclament encore le droit exclusif des colons à décider du sort des esclaves; les hommes de couleur vont être appelés à voter pour reconstituer les municipalités; les conseils gênants de Saint-Marc et de Jérémie sont supprimés.

Cette proclamation ne calma nullement les esprits. Les commissaires avaient déclaré d'abord qu'ils ne consentiraient pas à ordonner des déportations sous la pression du club. D'Esparbès, chargé de maintenir l'ordre, annonça, paraît-il, qu'il ne tolérerait aucun embarquement. Les commissaires, qui voulaient proscrire à leur volonté, l'accusèrent d'avoir ainsi bravé les lois des 22 juin et 17 août; comme ils ne le trouvaient pas assez plat avec eux, ils l'accusèrent en outre de nombreux délits contre-révolutionnaires. Le régiment du Cap et une partie des troupes de ligne qui restaient encore à Saint-Domingue paraissaient dégoûtés des agitations révolutionnaires, et les clubistes voulaient les expulser pour avoir le champ libre. Le 19 octobre, ils firent une émeute véritable, et s'emparèrent de l'arsenal. Les commissaires empêchèrent les militaires de le reprendre, et sacrifièrent aux factieux le colonel de Cambefort. Le régiment du Cap n'abandonna point son chef, et déclara qu'il voulait être embarqué en masse avec lui. A la fin de la journée, des volontaires à cheval, amis du régiment du Cap, furent assassinés par les émeutiers. Les commissaires décrétèrent l'embarquement de Cambefort, du lieutenant-colonel Thouzard et du directeur de l'artillerie, avec huit capitaines, neuf lieutenants, huit sous-lieutenants du régiment du Cap, et de plus deux adjudants, deux sergents, un caporal, et deux fusiliers. En outre ils suspendirent d'Esparbès, Girardin, commandant du vaisseau *Éole*, et de Villéon, commandant du *Jupiter*. Deux jours après, d'Esparbès fut embarqué. Suivant l'habitude révolutionnaire, les commissaires déclarèrent que d'Esparbès et les officiers avaient préparé cette journée pour faire triompher la contre-révolution et massacrer les patriotes.

En décrétant ces proscriptions, les commissaires avaient donné satisfaction aux haines des Léopardins, leurs adversaires naturels; mais, après cette nouvelle proscription révolutionnaire, ils vont s'appuyer sur les gens de couleur qui les ont aidés le 19 octobre, et lancer les plus absurdes calomnies contre les blancs de tous les partis. Le 22 octobre, ils adressent aux habitants du Cap une infâme proclamation contre les militaires déportés le 19, les accusant de connivence avec les nègres [1]. Mais, le 28, ils embarquent un autonomiste zélé pour avoir, dans une lettre particulière, traité comme il le méritait un brigand mulâtre souillé de crimes. La place de d'Esparbès fut donnée au général Rochambeau, fils du compagnon de La Fayette et de Washington, qui se trouvait là parce que les colons des Petites-Antilles n'avaient pas voulu l'admettre. Il paraissait alors avoir adopté le parti de la Révolution.

Le 29 octobre, les commissaires se séparèrent. Polverel partit pour la province de l'Ouest, Ailhaud pour celle du Sud; Sonthonax resta seul au Cap, et agit comme s'il était le chef de la commission. Il se trouvait alors dans la nécessité de lutter contre le club. Il admettait parfaitement les déportations arbitraires, mais pourvu qu'elles fussent décrétées par lui et non par les clubistes. Déjà ces derniers avaient voulu se saisir des gens qu'ils avaient proscrits. On se sauvait pour ne pas être dénoncé et arrêté par eux. En vain, Sonthonax leur représenta qu'ils devaient se contenter de la proscription militaire du 19 octobre, et protesta avec une ridicule emphase qu'il ne se laisserait pas imposer des déportations. Mais, après cette solennelle déclaration, il devait leur faire très rapidement les plus lâches concessions. Les jacobins massacrèrent presque à sa porte deux blancs, un mulâtre et neuf nègres que le général Rochambeau avait fait arrêter à Ouanaminthe pour les envoyer en prison au Cap. Puis ils voulurent exécuter eux-mêmes leurs proscriptions, et n'ayant pu s'emparer que du seul Massot, capi-

[1] « Vos plus grands ennemis étaient au milieu de vous. Ils n'y sont plus, vous en voilà délivrés à jamais. Ceux qui avaient excité ou protégé la révolte de vos esclaves, ceux qui avaient égorgé vos pères, vos frères et vos épouses.... qui avaient fait brûler et dévaster vos propriétés, etc.... » « Les proscrits prévenaient les nègres des attaques que l'on préparait contre eux, leur fournissaient des armes, faisaient périr à dessein les volontaires envoyés contre eux, etc. » C'est tout à fait le langage des septembriseurs ! Mais maintenant qu'ils ont renvoyé ces officiers, et qu'ils vont les remplacer par leurs créatures, ils invitent les révolutionnaires à ne plus réclamer des arrestations illégales. Le 25 octobre, ils écrivaient impudemment à la Convention : « Un détachement considérable des chevaliers de Coblenz était venu *préparer aux princes émigrés une retraite dans la colonie.* La connivence était *évidente* entre le gouvernement et les esclaves révoltés. » Du reste, ils parlaient de *chevaliers du poignard* au Cap ! Arch. nat., DXXV, C. 4.

taine du port, que Sonthonax protégeait particulièrement, ils
l'embarquèrent. Le commissaire, très irrité, publia contre les
sociétés patriotiques un arrêté sévère en apparence, mais qui pouvait être éludé, lança une proclamation contre les égorgeurs, et
ordonna la mise en liberté et la réintégration de Massot. Mais
après avoir fait l'homme ferme, il se réfugia derrière la commission intermédiaire, et lui fit déclarer que les fonctionnaires
portés sur la liste de proscription des jacobins du Cap avaient
perdu la confiance du peuple. Le 20 novembre, il les déclara
destitués, avec injonction de *s'absenter de la colonie* sous peine
d'être responsables des troubles que leur présence occasionne-
rait [1]. Quant aux simples particuliers dénoncés, ceux qui, dans
l'ouest, favorisent les rassemblements seront poursuivis comme
criminels de lèse-nation. Ceux du Cap et du nord sont mis sous
la surveillance de leurs municipalités.

Les assemblées primaires sont convoquées au Cap; mais Sonthonax constate une « grande froideur, comme je m'y attendais,
dit-il, de la part des citoyens, dont la plupart sont restés chez
eux: » On redoute les dénonciations et les proscriptions. L'argent
manque; la contribution patriotique ne rapporte rien; l'armée
est très diminuée par les maladies. Sonthonax écrit, le 21 novembre : « De six mille hommes envoyés de France, je suis persuadé qu'il n'y en a pas aujourd'hui la moitié en état de porter
les armes. » Toutes les caisses sont vides. Sonthonax veut se
faire des partisans en donnant des places et des grades. De
concert avec les révolutionnaires locaux, il a proscrit les mo-
dérés le 19 octobre; mais, bien peu de temps après, il est
brouillé avec ses premiers alliés, et les accuse de préparer le
massacre des gens de couleur, avec vieillards, femmes et enfants; et il va s'appuyer sur les gens de couleur pour écraser
ceux qu'on pourrait appeler les girondins de Saint-Domingue.

Vingt-sept officiers du régiment du Cap avaient été embarqués;
plusieurs autres avaient donné leur démission; le corps des officiers de ce régiment devait, par conséquent, être réorganisé.
Sonthonax prétendit que, pour appliquer sérieusement la loi du
28 mars dans son esprit, il fallait donner plusieurs sous-lieu'e-

---

[1] Il avait pourtant écrit à ses collègues, le 4 novembre, que le principal crime
de nombreux dénoncés était d'occuper des places que les dénonciateurs
demandaient ouvertement. Arch. nat., DXXV, C. 4.

nances vacantes aux gens de couleur. Cette prétention indigna vivement les sous-officiers et les soldats du régiment. On allait improviser officiers des gens dont la couleur était bien le moindre défaut, des fils de protégés de Sonthonax qui n'avaient pas les moindres connaissances militaires, et dont les plus instruits, qui avaient paradé quelques mois dans la garde nationale, ne seraient pas jugés, dans le régiment, capables d'être caporaux. On craignait d'ailleurs que ces places ne fussent données à des mulâtres qui auraient saccagé les propriétés des blancs et commis des atrocités.

Le régiment du Cap avait déjà prêté serment d'observer la loi des 28 mars-4 avril. Sonthonax voulut le lui faire prêter encore une fois, et le contraindre à accepter des officiers de couleur. Un décret spécial sur la formation d'une compagnie franche de gens de couleur fut alors interprété comme interdisant aux gens de couleur d'être officiers. Sonthonax cria très haut qu'on faisait circuler un faux décret. La commune et le club du Cap étaient alors extrêmement animés contre le commissaire ; on lui reprochait de ne rien décider que d'après les conseils des mulâtres, de vivre scandaleusement avec des femmes de couleur, et de faire un odieux trafic des places : celles des nouveaux officiers sang mêlé lui auraient été payées ! Les gens de couleur s'étaient organisés militairement au Cap ; ils y formaient illégalement une garde nationale distincte ; ils étaient casernés et gardaient ainsi sous leur protection des esclaves qu'ils avaient détournés [1]. Ils recevaient tous les jours de bonnes rations de pain, viande fraîche, légumes, tandis que de nombreux colons, jadis fortunés, après avoir échappé à grand'peine aux égorgeurs pour se réfugier au Cap, étaient réduits à une demi-ration de pain et de viande salée.

Le 1er décembre, Sonthonax réunit le régiment du Cap et lui demande le serment. Une partie des soldats veut réfléchir encore, l'autre refuse nettement. Sonthonax fait préparer aussitôt des bâtiments pour embarquer le régiment et le conduire en France. Le lendemain, il fait réunir les troupes sur le champ de Mars ; chaque bataillon de la garde nationale doit y envoyer cinquante

---

[1] Sonthonax, assailli de réclamations, avait pris un arrêté pour leur ordonner de se fondre avec la garde nationale et de se décaserner, mais, sur leurs plaintes, il le retira deux jours après.

hommes ; mais celui des gens de couleur envoie un nombre de soldats trois fois plus considérable ; aussi le bruit se répand que les gens de couleur veulent attaquer les blancs. Sonthonax leur ordonne de se réduire au nombre fixé ; mais un fâcheux incident exaspère les blancs et confirme leurs soupçons : un nègre apportait aux gens de couleur armés un sac rempli, disait-il, de biscuit ; on le fouille devant la municipalité et l'on découvre que le sac est rempli de cartouches, avec quelques provisions au-dessus pour les dissimuler. Le lieutenant-colonel des dragons, Lavaux (ex-noble), grand ami de Sonthonax, avait d'abord soutenu énergiquement que ce sac ne pouvait rien contenir de suspect ; aussi les blancs crient à la trahison ; on bat la générale dans toute la ville ; la foule enfonce les portes de l'arsenal, s'empare des munitions, des fusils et de quelques canons. Rochambeau, malade, quitte son lit pour venir au secours des commissaires : le régiment du Cap n'est pas encore embarqué, Sonthonax lui demande encore le serment. Mais la municipalité réclame le désarmement des gens de couleur. Lavaux est assailli et maltraité par les blancs. Sonthonax se réfugie dans le bataillon de couleur. On fait feu des deux côtés, on tire plusieurs coups de canon ; mais, dans les deux partis, il n'y eut en tout que cinq à six tués et une douzaine de blessés. Bien que les troupes de nouvelle formation, venues avec Sonthonax, ne soutiennent pas le régiment du Cap, les gens de couleur s'enfuient hors de la ville ; ils surprennent deux postes garnis de canons et s'y établissent. Sonthonax, qui tient essentiellement à se servir d'eux contre les blancs, veut les faire rentrer et passe deux jours à négocier avec eux. Pour calmer et tromper les blancs, il renouvelle la profession de foi sur l'esclavage et sur les droits de la colonie, qu'il leur a faite en débarquant : « Tels sont mes principes, telle est ma profession de foi ; que le jour où j'en changerai soit le dernier de ma vie ! Et s'il était possible, citoyens, que l'Assemblée nationale, *égarée*, pût se porter à oublier les prérogatives des colons et à détruire, dans le régime colonial, le germe de sa prospérité, *je déclare que je ne me rendrai jamais l'exécuteur d'une pareille injustice ; je déclare que je m'y opposerai de toutes mes forces, j'en fais le serment solennel* [1]. »

[1] Arch. nat., DXXV, C. b.

Néanmoins Sonthonax détermina les gens de couleur à rentrer dans la ville, en leur promettant des proscriptions. Il fit, malgré ses promesses, arrêter et embarquer quatre des principaux autonomistes. Comme le régiment du Cap s'obstinait dans son refus, il ordonna de désarmer et d'embarquer trente-six soldats réputés les plus coupables. Il avait été très effrayé de cette émeute et prétendait avoir couru les plus grands dangers ; aussi était-il plein de rage contre la population du Cap. Désormais, il fera peser sur elle le despotisme le plus complet : la liberté de la presse fut abolie ; on ne pouvait répondre à ses arrêtés injurieux et tyranniques sans être arrêté. La Terreur régnera désormais au Cap, et les embarquements nocturnes vont s'y succéder. Les gens de couleur occupent toutes les places et tiennent insolemment le haut du pavé. Sonthonax et son ami Rochambeau, tous deux très amis du plaisir, donnent à cette classe seule des bals et des concerts, au milieu des proscriptions et de la misère publique.

Pendant ce temps-là, les soldats tombaient malades en foule et encombraient les hôpitaux. Sonthonax, par un arrêté du 16 décembre, où il reconnaît que l'armée est très diminuée par « l'influence mortifère du climat de Saint-Domingue, jointe aux fatigues de la guerre, » crée plusieurs compagnies franches de gens de couleur et de nègres libres, afin d'avoir des troupes à lui, dont il se servira contre les blancs à l'occasion. Mais l'argent manquait, et l'assemblée coloniale avait voté une contribution d'un quart brut des divers produits. Sonthonax la reprit et la fit voter par la commission intermédiaire. Son collègue Polverel lui déclara très nettement qu'il avait agi illégalement, que cette décision ne l'obligeait nullement, et qu'il ne laisserait pas percevoir cet impôt dans l'ouest, qu'il administrait. Sonthonax en fut fort irrité ; les commissaires échangèrent sur ce sujet une correspondance très aigre, et leur dissentiment devint public. On essayait de percevoir l'impôt dans une province, et il était interdit dans les autres.

La république était depuis trois mois établie en France, lorsque Sonthonax la proclama, le 30 décembre, au Cap ; il déclara en même temps que les lois sur le bannissement des émigrés, sur la suppression des préfets apostoliques des colonies et l'abolition de la croix de Saint-Louis, étaient obligatoires à Saint-

Domingue, et fit prêter serment à tous les fonctionnaires. Sur ces entrefaites, Rochambeau repartit pour les Antilles. Il fut remplacé par le général de brigade de la Salle [1].

Polverel et Ailhaud, partis ensemble pour visiter le sud et l'ouest, ne purent s'entendre. Ailhaud, comme Saint-Léger l'avait fait avant lui, prit le parti de laisser là ses collègues et de se dégager de toute part de responsabilité dans leurs actes [2]. Il partit sans les prévenir, et arriva à Lorient le 20 décembre. Monge, ministre de la marine, fut très irrité de son retour; le Comité exécutif et la Convention prirent des mesures de rigueur contre lui, mais finirent par le laisser tranquille. Le 26 février, Monge écrivait à ses anciens collègues qu'il était remplacé par leur premier secrétaire Delpech.

La guerre entre les commissaires et les blancs révolutionnaires devient plus vive que jamais. Ainsi, Sonthonax écrit à Paris, le 11 janvier 1793, qu'il vient d'embarquer trois membres importants de l'Assemblée coloniale, nommés depuis à la commission intermédiaire : l'ancien président d'Augy, Larchevêque-Thibaud, ancien procureur de la commune du Cap, révolutionnaire très ardent, et Raboteau; et, avec eux, le commandant de la garde nationale à cheval du Cap, et plusieurs soldats de la ligne. Il déclame avec fureur contre les aristocrates de peau; ces arrestations excitèrent plus que jamais la colère des Léopardins.

Sonthonax semblait avoir réussi à imposer son despotisme au Cap; il y établit, le 8 février, un tribunal criminel extraordinaire [3]. Mais la population très ardente de Port-au-Prince était exaspérée contre ce commissaire et contre les gens de couleur; elle savait qu'au Cap ceux qu'il favorisait appartenaient presque tous à la masse ignorante et grossière de cette caste, et que

[1] Il y avait évidemment incompatibilité d'humeur entre les commissaires et les généraux les plus ouvertement ralliés à la Révolution. Plus tard Sonthonax rompit violemment avec Rochambeau. Le général de Montesquiou-Fezensac, qui commandait l'ouest et le sud, et dont les habitants avaient attesté le courage et l'habileté, venait de prendre le parti de disparaître tout à coup. Pied-de-Fer, marquis de la Salle, révolutionnaire zélé dès 1789, avait été nommé à Paris, par les électeurs réunis à l'Hôtel de ville, commandant en chef de la garde nationale. D'abord en très bons termes avec les commissaires, il devait devenir bientôt leur ennemi juré.

[2] Il avait besoin, disait-il, d'instructions nouvelles.

[3] Ce tribunal devait juger sans appel. Les prisons du Cap regorgeaient alors de détenus, comme celles de certaines villes de France.

leur insolence envers les blancs dépassait tout ce qu'il était possible d'imaginer, et elle ne voulait pas subir un joug pareil. D'ailleurs, elle lui reprochait hautement, et non sans raison, de ne pas faire procéder aux élections, afin de prolonger son despotisme. Le nègre Hyacinthe, avec une bande, ravageait la campagne, et l'on avait arrêté à la Croix-des-Bouquets le maire Hanus de Jumécourt, en l'accusant de s'entendre avec lui dans un but contre-révolutionnaire. Une émeute eut lieu à Port-au-Prince contre La Salle, qui s'enfuit de la ville. Mais Sonthonax, dénoncé violemment par le club de Port-au-Prince, lançait aux habitants toutes sortes d'injures, les accusant de s'entendre avec les contre-révolutionnaires, avec les nègres incendiaires, avec les Anglais, pour livrer la colonie à ces derniers, et de préparer le massacre des gens de couleur. Dans une proclamation du 21 mars, il les appelait un « amas d'hommes perdus de dettes et de crimes, » et les accusait d'avoir *profané la sainte institution des clubs.* Il fit appel aux milices de couleur pour marcher sur Port-au-Prince.

Polverel s'unit à Sonthonax contre cette malheureuse ville. Après un moment d'hésitation, il avait fini par trouver fort commodes les procédés arbitraires de son collègue, et dans le sud il destituait et embarquait tous ceux qui lui déplaisaient.

Les commissaires mirent en réquisition les quatorze paroisses de l'ouest pour marcher sur Port-au-Prince; plusieurs protestèrent avec énergie; les hommes de couleur seuls répondirent à cet appel. Sur douze cents hommes rassemblés ainsi, on ne comptait que trente blancs, outre cent cinquante soldats de la ligne. Cette troupe, commandée par La Salle, devait attaquer Port-au-Prince par terre; plusieurs bâtiments menaçaient la ville d'un bombardement; les commissaires étaient sur l'un d'eux, *l'America.* Avant toute hostilité (d'après Polverel fils, qui n'est pas suspect), ils dressent une liste de soixante et quelques habitants à déporter [2], et somment la municipalité d'ouvrir les portes de la ville; elle répond qu'elle recevra volontiers les commis-

---

[1] La municipalité écrivait à Polverel, le 18 mars 1793 : « Nos prisons sont pleines de détenus *à vos ordres.* » Les incendies recommencent autour de Port-au-Prince, depuis cinq jours; des bâtiments de la valeur de cinq millions ont été brûlés. Arch. nat., DXXV, C. 5.

[2] Arch. nat., DXXV, C. 13.

saires et les troupes nationales, mais non les gens de couleur
recrutés dans les autres paroisses. Le 12 avril, La Salle arrive
avec sa petite armée tout près de Port-au-Prince et somme la
municipalité de se rendre ; mais les habitants ne veulent pas
laisser entrer cette horde de gens de couleur, et la garde nationale paraît aussitôt en armes. Les commissaires font bombar-
der la ville par les vaisseaux ; les habitants subissent trois dé-
charges avant de riposter. Alors, le feu des forts et des batteries
du port répond à celui des vaisseaux. La lutte dura huit heures ;
les forts finirent par cesser leur feu. Le lendemain, une députa-
tion vint annoncer que la ville se rendait [1]. Quarante personnes,
hommes, femmes et enfants, avaient été victimes du bombardement.

La ville est aussitôt envahie par les gens de couleur, qui se
divisent en bandes, pillent les maisons et satisfont toutes leurs
haines particulières. Ils trainent dans les cachots cinq cent
vingt-cinq blancs de toute condition. Deux cent cinquante
furent entassés dans les cales des navires, où on les nourrissait
de biscuit pourri ; il était interdit de leur apporter du linge et
des vêtements. On les déporta ensuite, dénués de tout, après
quinze jours de captivité, sans leur avoir fait subir aucun interrogatoire. Tous les magistrats furent destitués, ainsi que tous les
fonctionnaires, et les places données par les commissaires aux
hommes de couleur et nègres libres les moins ignorants. Ils
écrivirent en France qu'il avait fallu réduire Port-au-Prince par
force, « pour résister efficacement à tous les tyrans qui ont des
possessions dans les Antilles, » et ressassèrent encore toutes
les calomnies qu'ils avaient déjà lancées contre les colons. Sonthonax et Polverel firent ensuite une expédition semblable contre Jacmel [2].

Le 8 mai, les commissaires publient un arrêté très grave sur
les esclaves. En réalité, ils reprennent le Code noir : quelques

---

[1] Borel, commandant de la garde nationale, en sortit avec deux cents
blancs et cent esclaves armés, et se rendit à Jacmel ; il y enleva un bâtiment
français sur lequel il s'embarqua avec une partie de sa troupe et gagna la
Jamaïque.

[2] Les commissaires imposèrent à la ville de Port-au-Prince l'obligation de
payer 450,000 livres dans les trois jours, pour les frais de l'expédition. Personne ne pouvait sortir de la ville jusqu'au paiement. Mais il fallut reconnaître l'impossibilité de lever une pareille somme sur une ville ruinée.

dispositions bienveillantes ne font que confirmer des usages établis. Ils conservent des châtiments très rigoureux. On pourra donner jusqu'à cinquante coups de fouet à l'esclave, mais, au delà, on paiera une amende de deux mille livres. Il est défendu aux esclaves de porter des armes offensives ou de gros bâtons : s'ils violent cette défense, ils subiront la peine du fouet. Les esclaves surpris en marronnage avec des armes blanches ou à feu seront punis de mort; ceux qui auront seulement des couteaux autres que des *jambettes* (couteaux sans ressort ni virole) subiront une peine afflictive, même la mort si le cas le requiert.

L'esclave (article 25) qui aura frappé son maître, ou sa maîtresse, ou l'un de leurs enfants, avec contusion ou effusion de sang, ou aura frappé simplement l'un d'eux au visage, sera condamné à mort. Les voies de fait contre les personnes libres sont sévèrement punies, même de mort dans certains cas. Les vols graves sont punis de peines afflictives, et quelquefois de mort. Si l'esclave est surpris dans un bateau ou dans tout autre bâtiment en cherchant à s'évader, il aura *le jarret coupé*; dans certains cas, il sera condamné à mort. Les vols simples seront punis par les juges suivant leur gravité : l'esclave pourra être battu de verges par l'exécuteur et marqué par lui de la lettre V sur l'épaule droite. Le maître peut l'abandonner au volé comme indemnité.

L'esclave qui aura été en fuite pendant un mois, depuis la dénonciation faite par son maître à la justice, aura les *oreilles coupées*, et sera marqué de la lettre M sur l'épaule gauche.

Amnistie est accordée aux esclaves qui abandonneront les révoltés et rentreront paisiblement chez leurs maîtres.

Les esclaves seront jugés sans appel par les juges ordinaires ; cependant, s'ils sont condamnés à mort ou à avoir le jarret coupé, les conseils supérieurs seront juges d'appel.

Cet arrêté, qui maintient des pénalités très rigoureuses, contre lesquelles les coreligionnaires politiques de Sonthonax et de Polverel avaient tant crié en France, ne trahit évidemment chez les commissaires aucun sentiment négrophile, et ne laisse nullement pressentir l'abolition prochaine de l'esclavage et l'élévation des nègres à la dignité de citoyens.

VII.

Depuis l'expulsion brutale de d'Esparbès, il y avait eu à Saint-Domingue deux gouverneurs généraux intérimaires nommés par les commissaires. Monge écrivit le 15 février à ces derniers qu'il avait définitivement confié ce poste au général Galbaud. « Soumis à toutes vos réquisitions, il sera néanmoins le maître des dispositions militaires propres à atteindre le but que vous avez déterminé dans vos réquisitions. » Ceci veut dire que s'il est tenu de déférer aux ordres des commissaires, ceux-ci ne devront pas s'immiscer dans l'organisation militaire ni dans les détails d'exécution, ce qu'ils avaient toujours prétendu faire. Le ministre leur envoie deux cent mille piastres (à peu près onze cent mille livres), mais en recommandant que cette somme ne soit pas consommée « en dépenses aussi folles qu'inutiles. » Il faut, ajoute-t-il, « mettre un frein aux dilapidations qui ont jusqu'à ce moment épuisé Saint-Domingue [1]. » La guerre venait d'être déclarée à l'Espagne; dans une lettre du 26 février, Monge invite les commissaires à armer les gens de couleur pour conquérir la partie espagnole, en leur promettant des terres, et il ajoute : « Voyez s'il ne serait pas possible de tirer parti des noirs révoltés contre les Espagnols. »

Comme les relations entre Saint-Domingue et la métropole étaient alors assez faciles, Sonthonax en avait profité pour se faire donner raison contre Polverel au sujet de la contribution du quart du revenu. Il obtint ainsi un décret de la Convention du 6 mars, qui autorisait les commissaires à lever cet impôt « et à prendre toutes les mesures qui leur paraîtront nécessaires pour assurer la défense de la colonie contre les ennemis intérieurs et extérieurs. » C'était confirmer encore leur dictature, et leur fournir un moyen excellent de justifier les actes les plus tyranniques. L'ancienne coterie Brissot, Grégoire, etc., hostile aux planteurs, et soutenue par des agents de Sonthonax, luttait à Paris contre les colons léopardins, déportés par Sonthonax et Polverel; les deux coteries assaillaient de dénonciations et le conseil exécutif et les comités de la Convention, et parfois faisaient prendre à la Convention des décisions contradictoires.

[1] Arch. nat., DXXV, C. 11.

Le général Galbaud, nommé gouverneur de Saint-Domingue, arriva au Cap le 7 mai. C'était un homme médiocre, qui avait su jusqu'alors éviter de se compromettre en suivant tranquillement le courant politique sans chercher à attirer l'attention sur lui. Ce n'était ni un intrigant ni un ambitieux, mais il entendait, tout en restant soumis aux commissaires, conserver dans les affaires qui concernaient l'armée une indépendance relative, et le lecteur a vu déjà que telle était l'intention du ministre qui l'avait envoyé. Les commissaires étaient alors à Port-au-Prince; dès qu'ils furent en rapport avec Galbaud, ils reconnurent bien vite qu'il ne serait pas un mannequin entre leurs mains, et résolurent de se débarrasser de lui, sous de mauvais prétextes, comme ils s'étaient débarrassés de d'Esparbès.

Galbaud fit d'abord, le 12 mai, une proclamation assez sage aux habitants de Saint-Domingue. Après avoir affirmé les droits des gens de couleur libres, il fut, sur l'esclavage, aussi net que Sonthonax. La métropole, dit-il, m'a chargé de ses intérêts, « ils seraient singulièrement compromis, si je ne maintenais avec rigueur la distance qui existe entre l'homme libre et l'esclave. » Le 17, il adressa une proclamation à l'armée; sa solde était très arriérée; il promit aux soldats une partie de cet arriéré, sur l'argent qu'il apportait, et fit appel au patriotisme des officiers pour attendre encore; il déclara qu'il avait reçu pour instruction de « faire détester les rois et la royauté. Croyez que je remplirai ce devoir avec exactitude et plaisir. »

Galbaud s'occupa aussitôt, en l'absence des commissaires, à chercher des ressources. Il réunit toutes les corporations du Cap dans une assemblée générale, et un marché fut conclu avec les capitaines de vaisseaux américains, qui offrirent de fournir des vivres contre des denrées coloniales, dont les négociants du Cap avaient alors une grande quantité dans leurs magasins. Ce marché fut conclu pour 671,375 livres 13 sols 6 deniers. Il excita la colère des commissaires, qui accusèrent ridiculement Galbaud d'avoir avoué en public un manque de ressources que tout le monde connaissait.

Les commissaires étaient alors dans l'ouest [1], où ils persé-

---

[1] Dès le 8 mai, Galbaud, arrivé le 7, leur écrivait à Jacmel : on l'a cependant accusé d'avoir longtemps tardé à se mettre en rapport avec eux.

cutaient les blancs avec acharnement, et décrétaient des déportations. Des colons, afin de se défendre contre les gens de couleur et les nègres révoltés, avaient armé leurs esclaves; pour les punir, les commissaires déclarèrent ces nègres affranchis, et les incorporèrent dans leur armée. Ils rentrèrent le 10 juin au Cap, avec beaucoup d'apparat; ils étaient escortés d'une troupe nombreuse de gens de couleur beaucoup plus pillards que soldats. Ils avaient des préventions contre Galbaud, bien que les renseignements envoyés sur son compte par leurs affidés du Cap ne lui fussent pas réellement défavorables. Mais ils trouvèrent que le général, à leur réception solennelle, ne s'était pas montré assez obséquieux, et ils lui déclarèrent qu'il avait eu tort de faire enregistrer sa commission, qu'il appartenait à eux seuls de le faire reconnaître, et que son admission était nulle comme celle de l'ordonnateur Masse, arrivé avec lui. Ce fonctionnaire, dont ils avaient besoin, dut se représenter devant eux pour se faire reconnaître; mais, après avoir conféré avec Galbaud, ils refusèrent de l'admettre. Ils avaient été prévenus qu'il paraissait décidé à exercer son commandement militaire. Dès le lendemain de leur arrivée, ils eurent l'impudence de lui dire, ainsi qu'à ses aides de camp : « Citoyens, obéissez aux ordres des commissaires, car *leur volonté seule est la loi;* ils représentent la Convention nationale. » Ils leur dirent encore qu'on devait obéir *aveuglément* à leurs réquisitions [1]. Ils se montrèrent très irrités contre le frère du général, César Galbaud, homme très ardent, qui semblait capable de lui communiquer un peu de son énergie, et ils exigèrent son renvoi. Il paraît cependant qu'ils auraient accepté Galbaud, s'il avait consenti à être une marionnette. Ils eurent une vive discussion avec le général, qui les blâma de persécuter tous les blancs. Sonthonax lui dit froidement : « Apprenez, citoyen, que je n'ai de blanc que la peau. » Galbaud répondit : « On m'a dit que vous aviez *l'âme noire*, mais je ne croyais pas que vous auriez l'imprudence d'en faire l'aveu au général gouverneur de Saint-Domingue. » Les commissaires finirent par lui déclarer qu'ils refusaient de l'admettre comme gouverneur, parce qu'il était propriétaire à Saint-Domingue, et que l'article 15 de la loi

---

[1] Arch. nat., DXXV, C. 14.

des 28 mars-4 avril interdisait de nommer un gouverneur ayant des propriétés dans la colonie. Ils lui demandèrent si le ministre de la marine en était instruit : il répondit qu'il l'en avait prévenu, et c'était vrai [1]. Alors ils lui en réclamèrent la preuve; il répondit que le ministre ne lui en avait pas laissé, et c'était tout simple. L'article 15 de la loi du 28 mars 1792 déclare formellement que cette exclusion des propriétaires n'aura lieu que « pour cette fois seulement; » elle n'avait donc pu être appliquée pour la fonction de gouverneur général qu'au seul d'Esparbès, envoyé à Saint-Domingue pour l'application de cette loi et bientôt destitué. Rochambeau lui avait succédé directement, Galbaud était donc (même en ne comptant pas La Salle) le troisième gouverneur nommé depuis cette loi, qui ne pouvait être appliquée qu'au premier. Le ministre, prévenu surabondamment par lui, n'avait pu supposer que ses inférieurs oseraient reviser son choix, et il ne soupçonnait pas davantage qu'ils interpréteraient la loi du 28 mars avec une mauvaise foi aussi impudente. Ces deux légistes ne pouvaient pas ne pas savoir que leur objection à la nomination de Galbaud était absurde [2]. Ils décrétèrent immédiatement l'embarquement de son frère.

Le parti colonial ou léopardin du Cap, bien que très affaibli par des déportations continuelles, avait, d'accord avec toute la population blanche du Cap, supplié Galbaud de profiter de l'hostilité des marins contre les commissaires pour se mettre à leur tête, résister à une destitution illégale, secouer la tyrannie de Sonthonax et de Polverel, et les embarquer. Mais Galbaud refusa. Il avait déjà eu le temps de reconnaître que la situation de la colonie était désespérée, que les commissaires étaient des impudents, capables de tout, et il ne voulait ni s'aplatir devant eux ni paraître se retirer volontairement; le 12 juin il leur écrivait une lettre tout à fait caractéristique. Après avoir dit que son frère obéit à leur ordre formel de partir, mais ne se démet point :

<hr>

[1] Le 12 février, il avait écrit à Monge : « Ayant perdu ma mère depuis quinze jours, je me trouve cohéritier avec mes frères et sœurs de ses habitations à Saint-Domingue » (Arch. nat. DXXV, C. 73).

[2] Aussi les commissaires eurent soin de ne jamais faire la moindre allusion à la restriction si grave qui les condamnait ; ce système réussit assez souvent avec ceux qui ne parlent des lois que par ouï dire, et n'examinent point les textes, et plusieurs historiens ont eu ce tort, en parlant de l'affaire des commissaires et de Galbaud.

« Quant à moi, citoyens, je vous supplie de nouveau de me permettre de repasser en France. Je ne puis être d'aucune utilité dans la colonie.... Je vous déclare que je ne puis me regarder *l'instrument passif* des commissaires civils, parce que les commissaires civils sont des hommes. Je risquerais de me rendre coupable si je promettais d'obéir aveuglément à tous les ordres qu'ils pourraient me donner. »

Il rappelle ensuite que, pour ce motif, il a été de ceux qui résistèrent aux ordres donnés à Sedan par La Fayette après le 10 août, pour soulever l'armée et arrêter les effets de cette révolution. « Cet aveu prouve mon caractère. Je vous supplie donc de m'autoriser à m'embarquer avec ma femme et mes enfants. La loi vous y autorise, puisqu'elle défend de donner aucun commandement dans la colonie aux propriétaires : *d'après vos doutes*, je regarde comme nul ce que je vous ai dit hier soir, sur ma conversation et ma correspondance ministérielle [1]. Rien ne vous force à me croire, et tout vous oblige à faire exécuter la loi.... Encore une fois, je ne puis être utile à rien dans ce pays où la calomnie empoisonne jusqu'à mes pensées [2]. »

Le même jour il écrit à un ami qu'il ne se croit pas le droit de donner sa démission : c'est aux commissaires de le renvoyer. On lui dit qu'il sera enlevé cette nuit, mais il ne veut pas le croire. Le lendemain, les commissaires lui firent notifier qu'il était destitué, et devait se retirer sur la gabare *la Normande*, afin d'être embarqué pour la France. Il donna à son frère l'exemple de la soumission.

Sonthonax et Polverel décrétèrent aussi de nouvelles déportations, soit en France, soit aux États-Unis, et des emprisonnements jusqu'à nouvel ordre, dans les vaisseaux de la rade. Dès le 18 juin, ils excitèrent les gens de couleur à s'armer : ils réunirent près de cinq cents esclaves dans une habitation voisine de la ville, d'où ils devaient les lancer contre les blancs. Les commissaires ne pouvaient se dissimuler qu'ils commettaient un acte très grave de rébellion en chassant de Saint-Domingue, avec tant de scandale et en violation formelle de la loi, un gouverneur général qui venait de leur être envoyé par la métropole, et

[1] Galbaud, persuadé que les commissaires sont d'affreux drôles, renonce à discuter avec eux et leur cède pour revenir en France.

[2] Arch. nat., DXXV, C. 66.

ils avaient besoin, pour faire diversion, de provoquer des troubles qui entraîneraient de graves conséquences.

Les équipages des bâtiments de la rade étaient fort irrités contre les commissaires, et tous les jours il y avait des rixes entre les matelots et les gens de couleur, devenus plus agressifs que jamais. Ceux-ci croient triompher et se livrent aux plus grands excès. Les blancs sont assassinés dans leurs maisons; les marins qui se trouvent dans la ville sont maltraités, traqués par les gens de couleur, des cavaliers mulâtres leur donnent la chasse; le chef de ces cavaliers poursuit les marins en criant : Tue! tue! et il ne peuvent lui échapper qu'en se jetant à la mer. Un incident de médiocre importance entraîne les conséquences les plus graves. Un officier mulâtre refuse le salut à un officier de la flotte, au grand scandale des marins, et les commissaires le protègent. Les matelots, sans écouter leurs chefs, déclarent qu'il faut châtier les gens de couleur, et descendre à terre. Ils s'empressent de mettre en liberté les nombreux proscrits embastillés dans les bâtiments de la rade. Les habitants du Cap étaient depuis quelques jours dans les transes, car les gens de couleur étaient plus menaçants que jamais, les commissaires prenaient des mesures terroristes, et dans la campagne, vingt mille nègres révoltés, au moins, se tenaient près des portes de la ville.

Les matelots et les habitants du Cap supplient alors Galbaud de ne pas se résigner à une destitution illégale et de se mettre à leur tête pour délivrer la colonie de ses deux tyrans, qui s'appuient uniquement sur la populace de couleur. Les officiers savent seulement que la lutte est engagée en France entre la Gironde et la Montagne, et ne sont pas encore instruits de la révolution du 31 mai; aussi se montrent-ils assez hésitants. Les commissaires ne pouvaient compter que sur six cents hommes de couleur qu'ils avaient amenés avec eux, sur ceux de la ville, et sur quelques centaines de nègres esclaves qu'ils venaient d'armer sournoisement. Les soldats de la ligne leur étaient hostiles pour la plupart. Galbaud, entraîné par les colons, quitte le bâtiment qui lui sert de prison, monte sur un canot avec César Galbaud, son frère, un aide de camp et trois soldats détenus par ordre des commissaires, et parcourt la rade : tous les équipages crient : « Vive la République! vive Galbaud! » Il monte successivement sur les vaisseaux, démontre aux marins l'illégalité de sa destitution, dénonce les abus de pouvoir des commissaires et leur partialité scandaleuse pour les gens de couleur, et lit une proclamation qui invite les marins à les destituer pour liberticide et à les renvoyer en France. Tous les équipages se prononcent contre eux, sauf celui de l'*America*, qui se rallia pourtant un peu plus tard à leurs ennemis. Le jour suivant, les vaisseaux s'embossent devant la ville ; Galbaud descend à terre et marche avec quelques centaines de matelots vers la maison occupée par les commissaires. César Galbaud conduit une autre colonne de même force. Les commissaires s'entourent de mulâtres et de nègres armés ; ils ouvrent les prisons, en tirent plusieurs centaines de nègres révoltés qui attendent leur supplice, leur donnent la liberté et les arment ; mais ils ordonnent de maintenir dans les prisons quatre-vingts blancs, détenus sans motif, qui furent pour la plupart égorgés sous leurs yeux. César Galbaud a presque pénétré dans la maison des commissaires ; on lui envoie un officier de couleur qui demande une suspension d'armes : il s'avance imprudemment pour parlementer, et les gens de couleur se jettent sur lui en foule ; ses soldats n'osent pas tirer, de peur de l'atteindre, et il est fait prisonnier. Sa colonne se replie, marche sur l'arsenal, et s'en empare, sans faire aucun mal aux hommes de couleur chargés de le garder, qui se rendent sans résistance. Les soldats de la ligne, renfermés dans une caserne où les commissaires les faisaient garder par des nègres, sont délivrés et se joignent aux soldats de Galbaud. Mais les nègres, que les commissaires viennent d'armer, arrivent en grand nombre ; beaucoup d'autres, appartenant aux habitants de la ville, et travaillés depuis longtemps, se soulèvent, et les rues sont bientôt jonchées de cadavres de blancs. Après avoir tué leurs maîtres et pris leurs armes, ces noirs font feu des fenêtres sur les troupes blanches. Les commissaires écrivent à Pierrot et aux autres chefs nègres révoltés qui sont là tout près, leur promettent l'affranchissement de tous leurs hommes et le pillage du Cap, s'ils veulent s'unir aux gens de couleur pour les débarrasser des blancs. On se fusille des deux côtés, dans la plus grande confusion [1]. A la fin de la journée, Galbaud, maître des forts extérieurs

---

[1] Polverel fils est fait prisonnier en essayant de lire aux blancs de Gal-

Piolet et Saint-Joseph, s'établit dans l'arsenal avec ses troupes. Le lendemain il les divise en quatre colonnes ayant chacune une pièce de canon; mais elles avancent lentement, car les nègres font un feu continuel des maisons, dont il faut les chasser; cependant elles arrivent devant l'hôtel du gouvernement, qui va bientôt être investi. Les commissaires, éperdus, prennent la fuite, sortent de la ville, et se réfugient près des nègres révoltés, dans un endroit appelé le Haut-du-Cap. Leurs agents mettent le feu aux maisons, et l'incendie arrête les colonnes de Galbaud. Bientôt on entend crier : « Les brigands sont dans la ville; Jean François et Biassou sont arrivés. » Aussitôt la population est en proie à une panique épouvantable : tout le monde s'attend à un massacre général, les habitants en masse s'enfuient vers le port dans le plus affreux désordre. Galbaud essaie inutilement de rallier ses hommes, au milieu de cette foule affolée; il est entraîné avec eux vers les chaloupes. Jean François et Biasson avaient refusé les offres des commissaires, mais un autre chef, Macaya, avait traité avec eux et était entré dans la ville avec plusieurs milliers de nègres; les commissaires abandonnent le Cap à l'incendie et au pillage de tous ces brigands : des familles entières furent brûlées, les malades de l'hôpital de la Providence furent pour la plupart égorgés ou brûlés; Galbaud et les siens durent se réfugier sur les vaisseaux.

Le lendemain, 22 juin, plus de quinze mille nègres, après s'être entendus publiquement avec les commissaires, se répandent dans le Cap, la torche à la main. On vit alors les scènes les plus horribles de pillage, d'assassinat et de viol. Galbaud descend à terre, vient au secours de ceux qui sont renfermés dans les casernes; il fait transporter les poudres pour éviter une terrible explosion, et enclouer les canons des forts qui commandent la rade. Quantité de femmes et d'enfants vinrent s'entasser dans les vaisseaux pour échapper à l'incendie, d'autres fugitifs coururent en grand nombre au Haut-du-Cap,

baud une proclamation par laquelle les commissaires offrent leur pardon aux marins, s'ils se soumettent et livrent Galbaud, avec les amiraux Sercey et Combis. On proposa de l'échanger contre César Galbaud, mais Polverel père refusa, et s'érigea en Brutus. Toutefois César Galbaud dut probablement la vie à l'arrestation de Polverel fils.

où les commissaires s'étaient réfugiés. Ceux-ci envoyèrent contre eux des nègres, avec des canons bourrés de mitraille, en leur enjoignant de les décharger contre les fuyards ; mais ces hommes eurent honte d'exécuter un ordre aussi barbare.

Le 21, Sonthonax et Polverel s'étaient assuré le secours des nègres en les affranchissant solennellement et leur assurant le pillage :

Déclarons que la volonté de la République française et celle de ses délégués est de donner la liberté aux nègres *guerriers* qui combattront pour la République sous les ordres des commissaires civils, tant contre les Espagnols que contre les autres ennemis, *soit de l'intérieur, soit de l'extérieur.*

La République et les commissaires civils veulent aussi adoucir le sort des esclaves, soit en empêchant qu'on puisse les maltraiter comme autrefois, soit en leur donnant de meilleurs vivres, de plus grandes places pour leur aisance, plus de rechanges par an, plus de temps par semaine pour s'occuper de leurs propres affaires, plus de douceur et de respect pour les femmes enceintes et les nourrices, soit en leur donnant des moyens sûrs de se racheter, moyennant des sommes déterminées, soit enfin en donnant graduellement la liberté aux nègres *qui auront donné le plus de preuves de leur bonne conduite, de leur assiduité au travail, et en leur donnant en même temps des terres en propriété suffisante à l'honnête subsistance d'eux et de leur famille.*

Tous les esclaves qui seront déclarés libres par les délégués de la république seront les égaux de tous les hommes libres, blancs et de toutes les autres couleurs.

Ils jouiront de tous les droits appartenant aux citoyens français.

Telle est la mission que la Convention nationale et le conseil exécutif de la République ont donnée aux commissaires civils [1].

Cette proclamation n'affranchit que des nègres révoltés depuis longtemps, qui viennent de prendre parti pour les commissaires, et laisse seulement espérer aux autres un affranchissement progressif. Mais elle accorde les droits de citoyens à tous les nègres ainsi affranchis, et les rend maîtres de la colonie.

Un quartier du Cap, dont une batterie établie par Galbaud défendait l'approche, fut seul préservé. L'incendie consuma les

---

[1] C'est un mensonge impudent. Sonthonax et Polverel usurpent audacieusement les pouvoirs de la Convention : aussi ont-ils besoin de faire croire aux nègres qu'ils sont autorisés par elle.

six septièmes de la ville. Galbaud et ses marins avaient donc complètement échoué dans leur tentative de délivrer la colonie de ses tyrans. Si le général avait mieux pris ses mesures, il aurait pu, dans la première journée, s'emparer des commissaires et épargner ainsi des maux terribles à la malheureuse colonie déjà si éprouvée.

Les commandants des bâtiments de l'État, dont les équipages avaient entraîné Galbaud à lutter contre les commissaires, se trouvaient dans le plus cruel embarras. Ils prirent le parti d'abandonner le Cap, et, d'accord avec Galbaud, fixèrent leur départ pour les États-Unis au 23 ou au 24, en donnant prudemment pour prétexte « l'impossibilité de communiquer avec les commissaires, qui se trouvent séparés de la force maritime par une force sans frein ni droit des gens, celle des esclaves révoltés [1]. » L'escadre partit le 24, emmenant un nombre très considérable de fugitifs. Galbaud fit couler deux vaisseaux chargés de beaucoup de choses qu'on ne pouvait emporter. Il ne laissa dans le port que l'*America*, avec la frégate *la Fine*, qui était hors d'état de tenir la mer, et deux goélettes.

Les commissaires étaient établis au Haut-du-Cap, avec une garde de gens de couleur, mais entourés de milliers de nègres révoltés, qui ne pouvaient leur être bien reconnaissants d'avoir reçu d'eux une liberté qu'ils avaient prise par force depuis longtemps, et dans des circonstances qui dévoilaient si bien la faiblesse des blancs et les haines terribles qui les divisaient en plusieurs partis. La ville du Cap était en cendres, le sol était jonché de cadavres, et les nègres pillaient tout ce que le feu n'avait pas détruit; des milliers d'habitants étaient sans asile, et les vivres manquaient. Le 24 et les jours suivants ils décrètent l'arrestation de plusieurs officiers de la ligne. Tout ce qui reste de troupes blanches leur est suspect; ils créent des corps nou-

---

[1] Arch. nat., DXXV, C. 19. Ce prétexte n'était guère sérieux. Galbaud voulait d'abord se retirer sur le Môle, place très forte, mais Cambis s'y opposa formellement. Il refusa de s'associer à Galbaud, et le désavoua ensuite, mais c'était par prudence, car il détestait profondément les commissaires. Dans une lettre du 25 juin au ministre de la marine, il dénonce vivement leur despotisme, leurs déportations, l'esprit de servilité qui règne dans leur entourage. « Ils sont disposés à user longtemps de la plus excessive autorité, d'une autorité révolutionnaire et destructive de toute généreuse liberté. La colonie est dans un état affreux. » Arch. nat., DXXV, C. 67

veaux avec des libres « et ceux qui voudraient le devenir. » Ils
envoient partout l'ordre de faire garder les portes par des
gens de couleur et des nègres auxquels on promet la liberté.
Même des blancs qui les ont soutenus encourent leur disgrâce.

Ils déclarent impudemment à Saint-Domingue, écrivent en
France et aux agents français des États-Unis, que c'est Galbaud
qui a incendié le Cap par perversité pure, par haine contre
eux.

Les journées des 21 et 22 juin eurent les plus graves conséquences pour la colonie. Les commissaires, qui jusqu'alors fa-
vorisaient scandaleusement les gens de couleur, se sont jetés
dans les bras des nègres révoltés [1]. Les blancs et les troupes de
ligne dispersées dans la colonie se séparèrent d'eux avec éclat.
Beaucoup de paroisses organisèrent la résistance à leur tyrannie. Les troupes qui occupaient Ouanaminthe et le Cordon se
rendirent aussitôt aux Espagnols. Officiers et soldats s'atten-
daient à se voir chasser honteusement de leurs postes, pour
faire place à ces nègres bandits qu'ils combattaient depuis
longtemps, et à être proscrits en détail s'ils ne prenaient pas un
parti décisif.

En effet, les commissaires donnaient des commandements à
d'affreux bandits de couleur et enrôlaient quantité de nègres [2].
Ils réussirent, le 17 juillet, à gagner le chef nègre Pierrot, mais
ils essayèrent sans succès d'amadouer Toussaint Louverture.

Sans argent, sans vivres, les commissaires et leurs mulâtres
vont être de plus en plus sous la dépendance des chefs noirs
qui ont accepté de prendre les emblèmes républicains, mais restent en réalité aussi indépendants des commissaires qu'ils l'é-
taient avant le pillage du Cap. Peu leur importait la concession

---

[1] Le 13 juillet, ils envoyaient une lettre très amusante à Pierrot, chef noir,
pour l'engager à abandonner le service de l'Espagne, et à quitter « la ban-
nière des rois » qui vendent les nègres, dont les agents Jean François et Biassou vendent négrillons et négrites aux Espagnols. « Qu'est-ce qui donne la
liberté, c'est la nation française.... *C'est elle qui a coupé la tête à son roi qui
vendait les nègres.* » C'est bien soit mais Bonaparte n'a-t-il pas dit plus tard
aux musulmans d'Égypte : « N'est-ce pas nous qui avons détruit le pape qui
disait qu'il fallait faire la guerre aux musulmans. » — Pierrot parle de liberté
générale : on a l'intention de la décréter, « *mais tout se gagne dans le monde,*
et vous ne l'aurez que quand vous imiterez les nègres du Cap, quand vous
porterez *les armes pour la république.*

[2] Pendant qu'on caressait les noirs, et qu'on accordait quantité de libertés,
on vendait des nègres sur les marchés au profit de l'État.

d'une liberté qu'ils avaient déjà conquise, mais le traité fait avec les commissaires leur assurait la cessation des hostilités de la part des troupes, la subsistance de leurs hommes, et le partage avec les commissaires des dernières ressources de la colonie, en attendant qu'elle fût complètement en leur possesion. Aussi Sonthonax et Polverel s'étudient à les flatter, à les rassasier et en même temps à tourmenter et dépouiller les malheureux colons. Déjà les lois sur les émigrés et sur leurs biens sont appliquées dans la colonie. Les habitants du Cap sont pour la plupart déclarés traîtres à la patrie, leurs biens sont confisqués pour avoir soutenu le traître Galbaud, et tout ce qu'on trouve chez eux est à la république, « comme ayant été la propriété de scélérats qui ont échappé au glaive de la loi. » Les anciens propriétaires qui voudront sauver des objets laissés ou enfouis dans leur maison seront fusillés comme ayant volé la république. La classe aisée de Saint-Domingue est ainsi spoliée presque tout entière. Ainsi qu'en France, les propriétaires non résidants, mais qui habitaient effectivement une autre paroisse, étaient inscrits comme émigrés, et leurs biens étaient séquestrés.

La mesure prise le 21 juin par les commissaires les conduisait à affranchir non seulement les nègres révoltés qui les avaient secourus, mais aussi tous les corps de nègres armés. Mais comment les noirs, qui n'avaient pas quitté le travail des habitations, pouvaient-ils rester tranquilles lorsqu'ils voyaient les assassins et les incendiaires choyés, nourris, équipés par les commissaires, et traitant souvent avec le plus insolent mépris ceux de leurs congénères qui continuaient à travailler paisiblement? Il était donc bien difficile de ne pas arriver à l'affranchissement général. Le 11 juillet, Sonthonax, resté seul, décréta l'affranchissement par mariage des femmes et des enfants de ces nègres qu'il venait d'affranchir, « pour faire tourner la justice de cette mesure au profit des mœurs et de la décence publique [1]. »

____

[1] Chaque nègre devait se présenter avec la femme qu'il voulait épouser, et ses enfants s'il en avait, au bureau municipal du Cap, qui remplaçait la municipalité, dans les quinze jours de la proclamation, et le mariage serait célébré par le bureau huit jours après. La femme et les enfants reconnus seraient affranchis; cependant le droit de propriété des maîtres était respecté en principe, car ils devaient être indemnisés par des lettres de change, tirées sur le trésor public, mais qui certainement ne seraient pas payées. Pour un homme

Il écrivait hardiment à la Convention que la civilisation de ce peuple allait être très rapide.

Pour détourner tous ces nègres et négresses de se marier à l'église, Sonthonax fit publier la loi du 22 septembre 1792, qui sécularisait les actes de l'état civil, avec une instruction qui est tout à fait caractéristique. L'article 26 est très grave :

Lesdits prêtres ou ministres d'un culte quelconque s'abstiendront de tout discours dans quelque langue que ce soit, de tout emblème, de toute allégorie tendant à soulever les esprits contre les lois civiles ou politiques, ou à mettre lesdites lois en opposition avec les dogmes ou lois religieuses, *ou à persuader aux citoyens qu'ils ne sont valablement engagés dans le mariage que par des cérémonies religieuses, ou que le divorce est contraire aux lois religieuses*, et si de pareils discours, emblèmes ou allégations *faisaient partie desdites cérémonies religieuses, lesdits prêtres ou ministres seront tenus de les supprimer.*

Les contrevenants seront punis d'une amende de cinq cents livres tournois et d'un an de prison. En cas de récidive, le temps de prison sera doublé. Cet arrêté, si scandaleusement attentatoire à la liberté religieuse, fut, pour d'autres raisons, suspendu provisoirement dans l'ouest et le sud par Polverel, qui avait quitté Sonthonax au commencement de juillet; mais il l'adopta formellement le 30 août [1].

Pendant ce temps, le nouveau commissaire Delpech ordonnait dans le sud au mulâtre André Rigaud de former un corps de cinq cents noirs qui deviendraient libres par le fait seul de leur enrôlement. Les blancs du sud, épouvantés, voulaient s'embarquer comme ceux du Cap, et Delpech prenait des mesures rigoureuses pour les en empêcher.

Sonthonax exposa, dans un journal du Cap qui était à sa discrétion, un plan d'affranchissement graduel ; il faut arriver, disait-il, à l'affranchissement général, car, depuis la guerre avec

au-dessus de dix-huit ans, l'indemnité est de 2,000 livres, elle est de 1,650 pour une femme au-dessus de seize ans. Celle des enfants est réglée d'après leur âge.

[1] Arch. nat., DXXV, C. 7. Sonthonax fit célébrer le 14 juillet au milieu des ruines du Cap. Il écrivait à la Convention : « C'était pour la première fois que le soleil de Saint-Domingue éclairait une pareille fête. L'arbre de liberté surmonté d'un bonnet rouge, planté devant le gouvernement, servait d'appui à l'autel de la patrie : la *présence du prêtre n'a point souillé la cérémonie.* » (Arch. nat., DXXV, C. 5.)

l'Espagne, cette mesure est indispensable : « plus des trois quarts des soldats sont morts et la plus grande partie de ce qui reste est séduite ou corrompue. » Mais les nègres, soumis à une trop grande inégalité de traitement, ne pouvaient plus attendre longtemps ; les plus tranquilles ne travaillaient guère. D'ailleurs Sonthonax, pour faire accepter par la Convention l'expulsion de Galbaud, l'incendie du Cap, et l'affranchissement illégal d'un si grand nombre de nègres, qui devait tôt ou tard conduire à l'affranchissement général, lui avait annoncé impudemment qu'avec les seuls nègres il viendrait à bout de toutes les difficultés présentes. Il rêvait toujours la conquête de la partie espagnole. Aussi le 29 août, feignant de céder aux vives sollicitations de la plupart de ses partisans et de certains individus complètement terrorisés, il proclama l'affranchissement général en s'appuyant sur la déclaration des droits de l'homme. C'est à cause de la division des blancs, c'est pour déjouer les complots des malintentionnés que ses collègues et lui ont déclaré à leur arrivée que l'esclavage était nécessaire à la culture ; il affirme impudemment qu'ils avaient pour mission de préparer un affranchissement général, mais graduel et sans secousse ; ils ne pouvaient alors abolir l'esclavage sans provoquer de grands maux ; maintenant les circonstances ont changé.

Il avait pris seul cette décision si importante, sans daigner consulter ses collègues. Il savait très bien que Polverel était hostile à l'affranchissement général. Aussi, le 3 septembre, il lui écrit que la nécessité l'a contraint à le devancer et à proclamer dans la province du nord des vérités qui sont dans le cœur de son collègue. Il compte sur son approbation. Les esclaves de l'ouest ne sont pas habitués à l'insurrection et au brigandage, on pourra les retenir dans les ateliers [1]. Il a soin de féliciter Polverel de son arrêté du 21 août, partageant les propriétés confisquées entre les nègres dits guerriers et ceux qui sont restés dans les plantations.

Polverel, qui croyait avoir résolu la question de l'esclavage par cet arrêté, fut stupéfait en apprenant que Sonthonax avait pris sur lui de proclamer l'affranchissement général et forcé

---

[1] Il annonce qu'il a reconstitué la municipalité du Cap et lui a donné un nègre pour maire.

ainsi la main à ses collègues; il lui écrivit, le 8 septembre [1], qu'on lui avait avait annoncé « d'une manière vague et indirecte » la proclamation de la liberté générale dans le nord; qu'il n'en « voulait rien croire. » Mais on lui a certifié qu'une assemblée de la commune du Cap avait réclamé cette liberté et que Sonthonax avait promis sa réponse dans quatre jours. « J'ignore où vous en êtes ! Avez-vous ou n'avez-vous pas promis la liberté générale dans le nord ? Avez-vous été libre de ne pas le faire [2] ? » Quel travail peut-on attendre des Africains si on ne leur donne pas de propriétés, ou si l'on ne leur crée pas de jouissances? Il lui envoie ses proclamations. La dernière, suivant lui, prouve qu'il s'acheminait aussi vers la liberté générale, « mais par des voies plus douces, plus légales. »

Polverel croyait, en effet, s'être montré, dans son récent arrêté du 27 août, à la fois très habile et très audacieux. Le 21 il avait lancé une proclamation confisquant au profit de la république tous les biens des propriétaires qui avaient abandonné la colonie, ou trahi à son point de vue, et de ceux qui l'abandonneraient dans la suite ou trahiraient la défense, et il avait ordonné la distribution de ces biens entre ceux qui combattaient pour la république. Sans la culture, disait-il, la propriété est absolument stérile : les biens confisqués seront donc partagés entre le guerrier et le cultivateur; mais, comme le premier expose sa vie, il aura la meilleure part [3].

Polverel déclare que tous les Africains ou descendants d'eux qui resteront sur les habitations qui ont été ou seront déclarées vacantes par l'arrêté du 21 août, et ceux qui rentreront sur ces habitations, sont libres avec les droits de citoyen français, « à la seule condition de s'engager à continuer de travailler à l'ex-

---

[1] Les dépêches des commissaires se sont croisées.

[2] « L'assemblée de la commune du Cap n'a-t-elle pas été plutôt un attroupement militaire qu'une assemblée de citoyens libres délibérant paisiblement ? » Il lui fait encore beaucoup d'autres questions gênantes.... « J'ignore tout cela, jusqu'à ce que j'en sois instruit, je ne puis ni discuter ni décider, *mais je crains tout.* » Il déteste l'esclavage, et aime la liberté et l'égalité autant que Sonthonax. « Mais quelle liberté que celle des brigands! quelle égalité que celle où il ne règne d'autre loi que le droit du plus fort ! »

[3] Chacun d'eux ne prendra sa part des fruits qu'après prélèvement des avances faites par la république, des impôts et du service des dettes dont l'habitation est grevée. On promet aux nègres le partage des terres de la partie espagnole.

ploitation desdites habitations. » Cet engagement sera pris devant le commandant militaire ou, à son défaut, devant la municipalité. Les nègres insurgés, marrons, etc., peuvent profiter de cette disposition. On dressera dans chaque province une liste générale des guerriers et une autre des cultivateurs. Les habitations vacantes de l'Ouest sont attribuées à l'*universalité* des guerriers et des culti ateurs : elles seront indivises pendant la durée de la guerre et des troubles intérieurs.

Voici maintenant comment les nègres seront traités. On fera masse des revenus provenant de la *totalité* des habitations vacantes, et cette masse sera distribuée suivant l'âge ou le sexe. Les guerriers sont de beaucoup les mieux traités [1].

Et cependant Polverel, en dépit de ses efforts, de ses combinaisons ingénieuses, devait craindre d'être représenté comme un arriéré, un partisan honteux de l'esclavage. Aussi, le 4 septembre, instruit maintenant de ce qu'a fait Sonthonax, il adresse une curieuse proclamation aux Africains de l'ouest, pour leur faire sa propre apologie. Ma proclamation du 27 août, leur dit-il, a donné à plus de la moitié des vôtres la liberté et des terres, à condition que vous travaillerez, et cependant je préparais la liberté de tous, en prouvant aux propriétaires par un grand exemple que leur intérêt bien entendu leur ordonnait de recourir au travail libre, et en attendant, je préparais un règlement mettant presque de niveau les libres, et ceux qui n'étaient pas encore affranchis.

« Six mois de plus, et vous étiez tous libres et propriétaires : des événements inattendus ont pressé la marche de mon collègue Sonthonax, il a proclamé la liberté universelle du nord, *et lui-même, lorsqu'il l'a prononcée, n'était pas libre.* Il vous

---

[1] Les parts seront ainsi distribuées aux cultivateurs : Enfants des deux sexes : un quart de part au-dessus de quatorze ans (au-dessous rien) ; à dix-huit ans, une part ; femme ou fille au-dessus de dix-huit ans, demi-part ; les mères de six enfants *du même père* recevront part entière, et un douzième pour chaque enfant qu'elles auront en plus. Les nègres de certains métiers reçoivent des augmentations, les maîtres sucriers et premiers indigotiers ont une part et un tiers ; le commandeur, deux parts ; l'économe ou gérant, trois.

Quant aux guerriers, les simples soldats et tambours ont deux parts ; on augmente suivant le grade : le sous-lieutenant en a quatre ; le colonel, sept. Si les trois commissaires admettent ce système, le partage futur des terres sera fait sur la masse générale des biens confisqués dans toute la colonie. (Arch. nat., DXXV, C. 10.)

4.

a donné la liberté sans propriété, ou plutôt avec un tiers de propriété sur des terres en friche, sans bâtiments, sans cases, sans moulins et sans aucun moyen de les remettre en valeur ; et moi, j'ai donné, avec la liberté, des terres en production ou des moyens de régénérer promptement celles qui ont été dévastées. Il n'a donné aucun droit de propriété à ceux de vos frères qui sont armés pour la défense de la patrie, et moi, j'ai donné un droit de copropriété à ceux qui combattaient pendant que vous cultiviez. »

Et il démontre avec beaucoup d'énergie et d'habileté la grande supériorité de son système. Il prescrit de donner lecture aux troupes et aux ateliers de sa proclamation du 27 août et de celle de Sonthonax du 29. Il veut que les intéressés les comparent [1].

Cependant Polverel n'adopte point immédiatement le système de liberté générale.

Sonthonax répondit à Polverel le 10 septembre. La veille il avait écrit à Paris pour annoncer la grande décision qu'il avait prise et demander l'approbation de la Convention, et il avouait dans cette lettre que les affaires allaient mal [2]. Néanmoins, il compte faire merveille. Mais il redoute un peu l'opposition de Polverel, qui est très mortifié de n'avoir pas même été consulté. Il soutient énergiquement qu'il a été parfaitement libre en décrétant l'affranchissement général [3]. Il reconnaît toutefois qu'une pétition lui a été présentée et qu'il a demandé quatre jours de délai. Mais, depuis le 21 juin, les esclaves cultivateurs ne voulaient plus travailler, et les nègres soldats refusaient de les y contraindre. Il fait son possible pour amadouer Polverel. Il lui annonce à la fin qu'il a, depuis son départ, déporté quarante-deux aristocrates de Fort-Dauphin. Polverel et Sonthonax étaient forcés de consulter leur collègue Delpech, alors maître du Sud, il déclara ne pouvoir admettre sans un délai ni le système de

[1] Arch. nat, DXXV, C. 10.

[2] « La défection de la marine est complète, le vaisseau *l'America*, les frégates *l'Astrée* et *l'Inconstante*, et l'aviso *l'Expédition*, ont pris la même route que le convoi (de Galbaud); ils sont sans doute dans les ports de la Nouvelle Angleterre. Les bâtiments anglais croisent sur nos côtes; notre cabotage est intercepté, nous sommes sans munitions, sans provisions de bouche. »

[3] Sonthonax ne dit pas à Polverel qu'il lui a été fait des menaces sérieuses dont les preuvent existent. (Arch. nat., DXXV, C. 17.)

Sonthonax ni celui de Polverel, car les commissaires ne pouvaient, sans usurper sur la Convention, ni décréter l'affranchissement général ni donner des propriétés. Polverel, en désespoir de cause, se rallia au système de Sonthonax et célébra, le 21 septembre, avec beaucoup de pompe, la fête de la république à Port-au-Prince; il déclara libres tous les Africains et leurs descendants sans exception. Pour éviter tout désordre, ils resteront là où ils se trouvent, et l'administration pourvoira à leur subsistance, jusqu'à ce que Polverel ait pris les arrêtés nécessaires pour régler leur situation. Alors on assiste à une pitoyable comédie. Les fonctionnaires, propriétaires d'esclaves, s'empressent d'affranchir leurs nègres comme s'ils agissaient librement; on avertit les citoyens qu'une formule d'affranchissement, préparée d'avance, sera déposée chez les notaires, et on les invite à venir la signer; ce qu'ils firent en masse, et il n'y avait là rien d'étonnant. Polverel décida que Port-au-Prince s'appellerait désormais Port-Républicain. Delpech tomba malade de la dysenterie et mourut aux Cayes le 27 septembre. Polverel se rendit aussitôt dans le sud, pour y affranchir les esclaves comme dans l'ouest.

Les deux commissaires exerçaient une odieuse tyrannie, mais surtout sur les blancs : ils ménageaient les autres. Polverel avait établi une cour martiale pour juger révolutionnairement les traîtres. Il faut reconnaître pourtant qu'elle présentait plus de garantie que les tribunaux révolutionnaires de France, ce que Sonthonax lui reprocha. Le 28 septembre, la guillotine fut dressée à Port-au-Prince, et solennellement vérifiée [1]. Heureusement la dispersion des juges militaires retarda la réunion de la cour martiale.

Le lecteur sait que, après la défaite de Galbaud, beaucoup de colons et une partie importante des troupes de ligne avaient secoué le joug des commissaires, et s'étaient ligués avec les Espagnols. Mais, avant ces événements, certaines paroisses, telles que Jérémie et la Grande-Anse, étaient déjà en lutte ouverte con-

---

[1] D'après un procès-verbal du 28 septembre, deux chirurgiens-majors furent chargés d'assister à l'expérience de la machine sur un bélier vivant; ils constatèrent que « le bélier a été placé convenablement et tel que doit l'être un condamné. » La tête a été très bien coupée, « d'où il résulte que la perfection de cet instrument est certaine. » (Arch. nat., DXXV, C. 31.)

tre les commissaires : le 13 juin, les habitants de Bombarde
avaient déclaré que les pouvoirs de Galbaud étaient supérieurs
à ceux des commissaires, et Rigaud, envoyé dans le sud pour réduire les colons, avait subi une défaite. Après les événements du
22 juin, Sonthonax et Polverel furent abandonnés par une foule
de blancs, et soutinrent impudemment qu'ils s'étaient soulevés
à cause de l'abolition de l'esclavage. L'armée était alors commandée de nouveau par La Salle, qui était proclamé par les
commissaires excellent républicain. Il avait à lutter contre les
Espagnols et les nombreux nègres révoltés qui, depuis la guerre,
s'étaient rangés de leur côté. Il essaya, ainsi que les commissaires, d'acheter la défection de Jean François et de Biassou. Le
chef Macaya, qui s'était rallié d'abord aux révolutionnaires, fut
envoyé auprès de ces deux chefs, mais il se laissa tenter par les offres qui lui furent faites et resta avec eux. Jean François et Biassou
refusèrent carrément de quitter le service du roi d'Espagne. Le
général des commissaires devait donc lutter à la fois contre les
nègres si nombreux de ces deux chefs, combattant pour l'Espagne contre les Espagnols, contre les troupes défectionnaires,
et contre les colons. Pour ces derniers, il ne s'agissait plus
simplement d'échapper à la tyrannie des commissaires, mais à
une destruction complète. Opprimés, déportés par Sonthonax,
ils avaient depuis quelques mois demandé, soit aux autorités
anglaises de la Jamaïque, soit au cabinet britannique, protection
contre les révolutionnaires. Les colons de la Grande-Anse,
armés contre les commissaires, envoyaient à Londres un négo-
ciateur, Arnaud de Charmilly. Le 3 septembre 1793, un traité fut
arrêté entre ces colons et Williamson, gouverneur de la Jamaïque, chargé de négocier avec eux. L'article 1er est ainsi
conçu :

Les habitants de Saint-Domingue, ne pouvant recourir à leur légi-
time souverain pour les délivrer de la tyrannie qui les opprime, in-
voquent la protection de Sa Majesté Britannique, et lui prêtent serment de fidélité, la suppliant de conserver la colonie, de les traiter
comme bons et fidèles sujets jusqu'à la paix générale, époque à laquelle le gouvernement français et les puissances alliées décideront
définitivement entre elles de la souveraineté de Saint-Domingue.

Les articles suivants indiquent les conditions de ce traité de
protection. Jusqu'au rétablissement de l'ordre, le pouvoir entier

de prendre des mesures de sûreté et de police appartient au représentant du roi (article 2). Personne (art. 3) ne sera recherché pour ses actes politiques, sauf ceux qui sont juridiquement accusés d'avoir provoqué ou exécuté les incendies et les assassinats. Les gens de couleur (art. 4) auront à Saint-Domingue la même situation que dans les colonies anglaises. Après la guerre (art. 5), si l'île est cédée à l'Angleterre, les anciennes lois resteront en vigueur jusqu'à la formation d'une Assemblée coloniale qui sera réunie lorsque tous les quartiers seront pacifiés. Jusque-là, le roi d'Angleterre, qui a le droit de trancher les questions d'ordre, sera assisté par un comité de six membres qu'il pourra choisir parmi les propriétaires. A cause des désastres éprouvés par la colonie, il y sera sursis, pendant dix années, au paiement des dettes, à courir du jour de la prise de possession par l'Angleterre. Les intérêts seront suspendus depuis le 1er août 1791 jusqu'à la fin des dix années, excepté pour les comptes de tutelle et les gestions des biens des propriétaires absents. Viennent ensuite des dispositions sur la culture, la vente des produits, les impôts, etc.

L'article 9 règle la situation religieuse. Les colons avaient dit dans leurs demandes : « La religion catholique sera maintenue, sans exception d'aucun autre culte évangélique ; » l'Angleterre répondit : « Accordé, à condition que les prêtres qui auront prêté serment à la république seront renvoyés et remplacés par ceux réfugiés dans les États de Sa Majesté Britannique. » L'Angleterre (art. 11) réclamera à l'Espagne les nègres et les bestiaux vendus chez elle par les révoltés. D'après l'article 13, le pouvoir du parlement anglais est en tout cas réservé.

Une escadre anglaise débarqua à Jérémie le 22 septembre. La garnison du Môle Saint-Nicolas livra la place aux Anglais. Saint-Marc, le Grand-Goave, l'Arcahaye, Léogane et d'autres paroisses les reçurent comme des libérateurs. Le colonel anglais White-locke, maître du Môle, répandit dans le pays une proclamation assez habile du gouverneur de la Jamaïque, où il était dit que le roi d'Angleterre avait accueilli la demande des colons, et qu'il n'occupait point Saint-Domingue en conquérant.

Les commissaires n'avaient presque plus de troupes régulières pour résister à tant d'ennemis. Le 10 septembre, le colonel Lavaux, bras droit de Sonthonax, faisait part à ce dernier de leur déplorable situation [1]. On n'avait point pour elles d'effets d'habillement, et les vivres manquaient à un tel point que les soldats, affamés, étaient presque tous incapables de servir. « Le séjour des hôpitaux, dit Lavaux, est vraiment le séjour des larmes, des lamentations et de la misère la plus grande ; le soldat n'y entre qu'avec horreur et prononce : « Voilà mon dernier gite. » Le 30 septembre, il déclarait que la ligne ne pouvait plus fournir, pour une expédition contre le Môle, que 337 hommes en état de marcher et 41 officiers.

Les nègres et les gens de couleur sont bien mieux traités et se regardent comme les maîtres de la colonie. Sonthonax va visiter l'ouest. Lavaux lui écrit, le 2 octobre, que les chefs des gens de couleur et des noirs du 21 juin se sont réunis au Haut-du-Cap ; « ils se sont juré de ne pas vouloir de moi pour leur commander après votre départ. » Il est dans le plus grand embarras. On l'informe que ces chefs veulent le remplacer par le nègre Pierrot. Comment fera-t-il pour se défendre, avec une poignée de soldats ? Les nouveaux citoyens montrent bien peu d'énergie contre les nègres révoltés. La Salle croyait, comme Lavaux, que les noirs voulaient réduire les officiers blancs à la nullité la plus complète ; mais il avait fini par se convaincre qu'il fallait absolument écarter Sonthonax de la colonie, si l'on voulait conserver la moindre chance de la sauver. Il n'était plus qu'un chef absolument nominal : les nègres et les gens de couleur avaient toute l'autorité et tous les grades, grâce à Sonthonax. Il écrivit, le 29 septembre, au commodore anglais, pour lui proposer de rester dans l'état actuel. Les Anglais conserveraient le Môle jusqu'à la paix générale, et lui s'efforcerait de rétablir le calme dans la colonie, en maintenant la loi du 4 avril pour les gens de couleur, mais en s'opposant aux effets de la proclamation illégale du 20 août.

Le même jour, La Salle, dans une lettre très amère, reprochait à Sonthonax de rendre les nègres maîtres du pays. L'orgueilleux proconsul en fut très blessé, et lui répondit par des injures personnelles.

<hr>

[1] Sur 6,065 hommes de troupes de ligne il n'en restait plus, au 1ᵉʳ septembre, que 1,519, dont beaucoup de malades. On avait perdu 112 officiers et 3,039 morts. 872 étaient chez les Espagnols, 161 étaient partis avec Galbaud, les autres déserteurs ou envoyés en France comme malades.

« Voici mon dernier avis ; j'en ai fait un ordre pour le lieute-nant-colonel Finiels, et je vous le transmets ici par forme de réquisition.

« Si l'on est trop faible pour résister aux Anglais (ce que je suis bien éloigné de croire), *il faut brûler, à mesure qu'on éva-cue, les villes et les campagnes*. Périssons s'il le faut pour soute-nir la liberté ; oui, périssons, et ne laissons à l'ennemi que des cendres et des ruines ! »

En même temps, il enjoignait aux commandants des côtes de désarmer les blancs suspects et de favoriser les gens du 4 avril et du 21 juin ; si l'on est attaqué par les Anglais, il leur pres-crit de faire insurger tous les nègres, brûler la ville et toutes les habitations [1].

La lettre de Sonthonax et son plan d'incendie déterminèrent La Salle à quitter Saint-Domingue. Il écrivit au commodore Ford pour lui demander un sauf-conduit, lança une proclama-tion très violente contre les commissaires et stigmatisa leurs actes. Sonthonax ordonna de l'arrêter ; mais il réussit à s'em-barquer sur un bâtiment américain et à se réfugier aux États-Unis. Lavaux fut nommé gouverneur général. Le mouvement contre les commissaires s'étendait dans toute la colonie. Le 13 novembre, Saint-Marc, les Verettes et la Petite-Rivière en-voyaient aux autres communes une protestation des plus vives contre leurs actes, en leur annonçant qu'ils avaient été desti-tués par la Convention le 16 juillet, et invitant leurs conci-toyens à s'unir pour secouer cette intolérable tyrannie.

VIII.

La nouvelle était vraie ; la Convention avait réellement desti-tué les proconsuls, moins d'un mois après leur victoire sur Gal-baud, avant de connaître l'incendie du Cap et l'affranchissement des nègres. Les anciens Léopardins étaient parvenus, à force de ténacité, à obtenir de la Convention, épurée au 2 juin, cet acte de justice, au moment même où il paraissait le plus invraisem-blable [2].

---

[1] Polverel protesta contre ces ordres avec indignation.

[2] Leurs délégués à Paris s'acharnèrent d'abord après le malheureux Blan-chelande, et le chargèrent de crimes imaginaires. Il fut condamné à mort par le tribunal révolutionnaire.

Les commissaires se savaient dénoncés, mais ne croyaient pas leurs adversaires assez forts pour emporter un décret pareil. Afin de persuader la Convention qu'ils avaient à peu près rétabli l'ordre dans la colonie, ils résolurent de lui envoyer des députés de Saint-Domingue. On devine aisément ce que furent les élections, dirigées par de tels hommes, dans un pays désolé par la guerre, avec les nègres pour électeurs. Deux aventuriers blancs, Dufay et Garnet; deux sang mêlé, Réchis et Mille, et deux nègres, Belley et Joseph Raison, furent envoyés à la Convention le 23 septembre. Belley s'était racheté depuis plusieurs années, mais Raison était un affranchi du 20 juin.

Sonthonax jugea opportun de déclarer qu'il persisterait jusqu'à la mort dans son arrêté d'affranchissement général : « Dût-on me piler dans un mortier, je n'aurai jamais la bassesse de rétracter ma proclamation du 29 août. » Le bruit de son rappel commençait à se répandre dans la colonie. Il eut soin de le démentir. Dans une proclamation du 21 novembre, il annonça, comme Robespierre, que ses ennemis voulaient l'assassiner. Les colons prétendent que ses actes sont nuls, parce qu'il est destitué par la Convention, et citent à l'appui de leur assertion un document « qui porte visiblement les marques de la fausseté la mieux caractérisée; » ils veulent le faire assassiner au moyen de ce faux décret, comme ils ont fait assassiner Mauduit. Le document, au contraire, ne disait que la vérité. Sonthonax devait le savoir; il n'en tint aucun compte et, le 24 novembre, il prenait un arrêté pour vendre les passeports [1].

Polverel tyrannisait aussi de son côté et appliquait avec zèle les lois révolutionnaires. Il établit des sections de sa cour martiale dans diverses localités; il déclara que toute révolte contre l'autorité des commissaires serait réputée tentative de rompre l'unité de la république et, par conséquent, punie de mort et de confiscation des biens, et que la procédure très sommaire du décret du 9 octobre 1792 serait appliquée aux conspirateurs, bien que ce décret ne fût pas encore publié dans la colonie. Ce-

---

[1] Le tarif était 1,650 francs pour les hommes et 1,000 pour les femmes. Les déportés par arrêté étaient tenus de payer cette somme; s'ils ne s'exécutaient pas, ils devaient être retenus en prison. Les gens qui avaient gardé quelque chose de leur fortune voulaient s'enfuir de cet affreux pays. Ce genre d'extorsion fut imité par le mulâtre Martial Besse, commandant à Jacelm.

pendant, Polverel ne renonçait pas à réglementer la nouvelle situation des noirs et à rétablir le travail des plantations. Il comptait ainsi éclipser Sonthonax. Il fallait sauver les plantations qui avaient été épargnées et empêcher les noirs affranchis de croupir dans l'oisiveté ou de se livrer au brigandage. Il prit donc, le 31 octobre, un long et curieux arrêté réglementaire sur le travail des nouveaux libres.

Il reprend en partie le système de jouissance qu'il avait réglé par son arrêté du 27 août. Le revenu net sera divisé en trois portions égales, dont deux pour le propriétaire, une pour les cultivateurs. Il y aura dans toute sucrerie, caféière, indigoterie, occupant plus de quinze personnes, un économe gérant et un ou plusieurs conducteurs, suivant le nombre des travailleurs. L'économe et les conducteurs seront nommés tous les ans par les travailleurs des deux sexes et recevront part entière ; les suffrages seront donnés à haute voix. Le propriétaire est tout à fait annulé. Polverel fait une réglementation très minutieuse [1].

L'article 66 punit de mort avec confiscation toute proposition, tout projet, tentative, tendant à rétablir l'esclavage, tous écrits, discours, tendant à inspirer *des doutes* aux Africains *sur la légitimité et sur la stabilité de leur liberté*, tout conseil, *toute insinuation* tendant à les engager à mésuser de leur liberté, à refuser le travail ou à se révolter. La cour martiale jugera. Ainsi, peine de mort contre ceux qui auront l'audace de constater qu'aucun décret de la Convention n'a affranchi les nègres ! Avec une pareille loi on pourra condamner à mort tous ceux dont on voudra confisquer les biens ; du reste il sera facile de s'en servir pour se débarrasser sommairement de tous les noirs qui deviendraient gênants ou se montreraient trop peu serviles à l'égard des révolutionnaires.

Polverel tenait singulièrement à compléter cet arrêté et à mériter encore plus le titre de *Salomon des Antilles*, que ses flat-

[1] Les nègres prêteront serment « de faire jusqu'à extinction la guerre aux rois. » L'ordre des travaux et dépenses sera réglé par un conseil d'administration composé de l'économe, des conducteurs, et quelquefois d'ouvriers spéciaux ; le propriétaire peut y assister ; s'il est de l'avis du gérant leurs deux voix se confondent. Les économes gérants doivent tenir très minutieusement *six registres* cotés et paraphés par les juges de paix. Les punitions seront déterminées par un règlement de police. Les cas de renvoi, le départ volontaire des cultivateurs sont réglés avec beaucoup de détails. Des instituteurs primaires expliqueront aux enfants les droits de l'homme et du citoyen.

teurs lui décernaient ; mais il tomba malade, et ne put donner ses nouveaux règlements que le 7 février 1794. Dans cette proclamation il constate que les nouveaux affranchis, outre le dimanche, veulent se reposer le samedi, pour se prouver à eux-mêmes qu'ils sont réellement libres, et Polverel leur fait à ce sujet un véritable sermon. Il maintient en théorie les droits du propriétaire : la terre, leur dit-il, ne vous appartient pas, mais à ceux qui l'ont achetée ou en ont hérité des premiers acquéreurs. La portion de revenu que Polverel leur accorde n'est que la récompense de leur travail. « Quand j'ai fixé cette portion à un tiers du revenu net, j'ai supposé de votre part un travail de six jours par semaine. » Retrancher le samedi, c'est supprimer un sixième du revenu : le propriétaire ne doit pas en souffrir ; cette perte retombera donc sur les cultivateurs. Ils sont libres de réduire leur travail, mais ils renoncent ainsi au bénéfice de l'arrêté, et le propriétaire aura le droit de louer à la journée ceux qui lui conviendront et sera déchargé de toutes les autres obligations qui pèsent sur lui.

Sur le travail de six jours, Polverel demande aux noirs un véritable plébiscite. Dans tous les ateliers le commandant militaire de l'endroit viendra demander solennellement aux cultivateurs s'ils veulent ou ne veulent pas travailler six jours par semaine, et, en cas de négative, le temps qu'ils veulent consacrer au travail. Il dressera procès-verbal de la réponse qui lui sera faite par chaque atelier. Si les noirs des habitations *séquestrées* exploitées par l'État répondent qu'ils veulent retrancher plus d'un jour de travail, ils seront congédiés, remplacés par des journaliers, et, au besoin, expulsés par force de leurs cases et leurs meubles seront jetés sur le chemin.

Les vieillards au-dessus de soixante-dix ans, les enfants au-dessous de quatorze et les infirmes n'ont ni jardin ni part, mais sont nourris, vêtus, soignés, sur les frais généraux [1].

Polverel édicte encore beaucoup d'autres dispositions de détail, souvent ingénieuses, mais très difficiles à appliquer régu-

---

[1] Le 28 février Polverel publia encore un règlement très détaillé : la journée des portionnaires était divisée en trois parties, et chaque absence notée par l'économe. Des peines assez sévères étaient prononcées contre ceux qui n'obéiraient pas aux conducteurs, ou leur manqueraient. L'atelier était assez militarisé et les conducteurs presque assimilés à des sous-officiers.

lièrement. Il a pris des précautions assez raisonnables contre la paresse et la licence des nègres, mais il ne faut pas oublier que beaucoup de plantations importantes sont *séquestrées*, et, comme leurs nègres travaillent pour l'État, il serait dangereux de leur laisser prendre des habitudes de paresse. L'État devient, à force de confiscations, le plus riche planteur ; on espère que, par ce moyen, il deviendra à peu près le seul planteur de la colonie ; aussi ses agents ne font plus aux noirs de générosités superflues, puisque, au lieu de vexer exclusivement les riches colons, elles seraient ruineuses pour le domaine public.

Cet arrêté fut exécuté avec une certaine rigueur contre les nègres récalcitrants ; la correspondance de Polverel en fournit beaucoup de preuves ; il les envoyait en prison pendant huit jours, un mois, pour être employés aux travaux publics, sans aucune rétribution, et être traités non pas en esclaves, mais en forçats. Même certains commandants militaires appliquèrent les règlements avec une rigueur excessive que Polverel dut parfois tempérer [1].

Les rapports des militaires, des inspecteurs, agents divers, malgré leur optimisme voulu, constatent que les nègres travaillent mal et aiment à vagabonder. Les nègres prétendus guerriers sont des soldats très indisciplinés et d'une fidélité douteuse. Lavaux déclare qu'ils comptent sur la faveur des commissaires, en abusent, commettent de graves excès, et sont furieux contre lui, qui veut les réprimer. Il se plaint toujours que les chefs de couleur le bravent en face et ne veulent obéir à aucun blanc, et il en dénonce qui préparent des massacres de blancs.

Les députés que Sonthonax avait fait élire se rendirent en France par la Nouvelle-Angleterre. A Paris, la lutte avait continué entre les amis de Sonthonax et les délégués des colons. Plusieurs de ces derniers, qui avaient réussi à faire voter le dé-

---

[1] On cherchait à transformer quatre cent mille esclaves en travailleurs libres, actifs et prévoyants ; le secours de la religion aurait été particulièrement utile à une pareille œuvre, mais Polverel le repousse. Le 29 mai, il interdit d'enseigner le catéchisme et les prières du chrétien dans toute école nationale, car ce serait supposer « que le christianisme est la religion dominante, la religion nationale ; » il faudrait un *catéchisme du citoyen*. « Le livre est à faire ; pour en avoir un bon, il faudrait plus de loisir que nous n'en avons ; nous essaierons cependant. » Mais en attendant il faut proscrire tout catéchisme religieux, tout livre de prières.

cret d'accusation du 16 juillet, devinrent suspects et furent jetés en prison. Legendre obtint, le 5 pluviôse, un décret défavorable aux commissaires. Mais le 15, trois députés de Saint-Domingue, le nègre Belley, le mulâtre Mille, le blanc Dufay, furent admis par la Convention. Le président donna l'accolade fraternelle au mulâtre et au nègre ; le lendemain, Dufay débita un long discours, rempli de calomnies contre Galbaud et les colons, et insinua que la Convention devait affranchir tous les nègres. Levasseur demanda nettement la suppression de l'esclavage. Delacroix, d'Eure-et-Loir, l'appuya vivement, et l'abolition de l'esclavage fut votée avec un grand enthousiasme.

Le commodore Ford adressa, le 3 janvier, à la ville de Port-au-Prince, une sommation de se rendre [1]. Il lui fut répondu énergiquement, et comme les troupes anglaises n'étaient pas suffisamment prêtes, l'attaque fut différée.

Le 28 janvier, la place importante de Fort-Dauphin capitula devant les Espagnols : le brigand mulâtre Candy (qui arrachait les yeux des blancs avec des tire-bourres) en avait usurpé le commandement, et il fut vivement soupçonné d'avoir vendu cette place [2].

Tyrannisé par les noirs, dont il était rapidement devenu le protégé et même le jouet, Sonthonax s'en dédommageait en agissant comme un vrai proconsul de France. Les prisons étaient pleines [3], au Cap, à Port-au-Prince et dans toutes les

---

[1] Sonthonax ne demandait alors qu'à quitter Saint-Domingue. Il proposa à Polverel de s'entendre avec lui pour que l'un d'eux se rendît en France par la Nouvelle-Angleterre, afin d'exposer la situation de la colonie, et demander de prompts secours. Il croyait probablement que Polverel voudrait rester pour appliquer à son aise ses grands arrêtés sur le rétablissement de la culture et sur l'organisation du travail, qui lui tenaient tant à cœur. Mais Polverel lui déclara nettement qu'il repoussait sa proposition. Ce serait une fuite ; « ce départ accréditerait les calomnies sur les richesses que nous avons accumulées et mises à couvert, et le dessein qu'on nous a souvent prêté d'aller hors de la colonie jouir de nos rapines.... » Celui qui resterait serait déconsidéré complètement ; du reste les secours ne peuvent arriver de France que dans huit mois. (Arch. nat., DXXV, C. 8.)

[2] Lavaux, après avoir annoncé ce désastre, ajoute : « Le Port-de-Paix (où il se trouve) gémit, pleure, de ne pas être déjà espagnol ou anglais. » Il déclara, le 9 février, que les Anglais lui avaient offert cinq mille livres sterling pour livrer cette place. (Ibid., C. 19.)

[3] Au 26 novembre 1793 la liste des détenus à Port-au-Prince est de 516 désignés pour être envoyés à la cour martiale ou déportés en France : en outre, une liste supplémentaire porte encore quarante-quatre noms. Beaucoup de déportations furent effectuées, des condamnations à mort prononcées

villes. Il y avait dans la colonie, comme en France, des tribunaux révolutionnaires, des commissions militaires qui prononçaient des condamnations à mort. Mais la terreur ne remédiait à rien. Le 8 mars, Sonthonax, ne sachant que faire, écrivait à Rochambeau pour lui demander des secours. « Aujourd'hui, lui disait-il, l'ennemi est en possession des deux tiers de la partie française de Saint-Domingue. Lavaux est bloqué par terre et par mer à Port-de-Paix ; je le suis au Port-Républicain, ci-devant Port-au-Prince, et Polverel est réduit aux Cayes à nourrir, lui et toute l'armée, de patates et de bananes. Le peu de poudre que nous avons est avarié. » On manque de munitions et d'argent.

La situation semblait désespérée. Tout à coup, les commissaires reçurent un secours très inattendu. Le nègre Toussaint Louverture, qui avait sous ses ordres plusieurs milliers de noirs, fit défection à l'Espagne et livra, en les gardant soigneusement lui-même, les positions importantes qu'il occupait pour elle.

Toussaint, appelé ensuite Louverture, n'avait pas pris part à la terrible insurrection d'août 1791. Il entra un peu plus tard dans l'armée de Biassou, au service de l'Espagne, et devint général. Les Français avaient plusieurs fois essayé inutilement de le gagner. En mai 1794, il venait de leur enlever les principaux quartiers du nord. Lavaux fit encore une tentative pour le séduire, et cette fois y réussit. L'armée des commissaires était tellement réduite et dans une si déplorable situation à tous les points de vue, que Toussaint, en passant de leur côté, ne devait pas être simplement un de leurs généraux, mais un allié puissant et avec lequel il faudrait beaucoup compter. C'était un homme profondément dissimulé : le 6 mai 1794, il tombe à l'improviste sur les Espagnols mêlés à ses troupes, et, au bout de quelques jours, le drapeau tricolore était arboré à la place du drapeau espagnol, dans les paroisses de cordon de l'ouest, qui lui avaient été confiées par le gouvernement royal.

Les Espagnols étaient très affaiblis par la défection inattendue d'un corps de quatre mille nègres, les mieux organisés de leur armée, et par la perte d'une grande partie du terrain qu'ils

aux Cayes, etc.; dans d'autres villes on trouve des listes très longues de prisonniers. Le nombre des détenus est énorme pour une population si peu nombreuse. (Arch. nat., DXXV, C. 9.)

avaient conquis. Les Anglais, ne pouvant plus compter sur leur assistance, se trouvaient très gênés dans leurs opérations. Lavaux donna à Toussaint le commandement de toutes les paroisses qu'il avait enlevées aux Espagnols et de celles qu'il pourrait conquérir dans la suite. C'était évidemment entendu d'avance. Au fond, Lavaux était très content de s'appuyer sur ce général nègre contre les chefs mulâtres qui le bravaient si audacieusement. Dans une lettre du 18 mai, Toussaint lui écrit humblement qu'il est tombé d'abord dans les pièges des ennemis, mais qu'une expérience un peu tardive lui a dessillé les yeux sur le compte des Espagnols, et il ne parle plus que de les écraser. En réalité, Toussaint, malgré sa modestie apparente, était un grand ambitieux et comptait jouer à Saint-Domingue, avec l'Espagne et la république française, le rôle du troisième larron. Resté fidèle à l'Espagne, il eût toujours été primé par Jean François; en se ralliant à la république, il pouvait devenir maître de la partie française, et il le fut, en effet, pendant un temps assez long. Les commissaires lui écrivirent aussitôt de s'emparer des possessions des prétendus émigrés, en lui disant « que la république entend qu'elles soient partagées aux Africains quand la guerre sera finie.... » Quant à lui, « *outre les propriétés* dont elle le gratifiera à la fin de la guerre, » ils lui promettent dans l'armée française l'avancement qu'il méritera [1].

Cependant la défection de Toussaint n'empêcha point les Anglais de s'emparer de Port-au-Prince. Le 1er juin, ils canonnèrent cette ville. La garnison se battit très mal, cria à la trahison et fut prise de panique, et les commissaires, dans la journée du 3, abandonnèrent Port-au-Prince pour se réfugier à Jacmel [2].

La perte de Port-au-Prince, de ses forts, de la plaine voisine et de la Croix-des-Bouquets mettait les proconsuls dans la plus triste situation. Toussaint leur était devenu absolument indispensable. Mais la corvette *l'Espérance* parut, le 8 juin, devant Jacmel; elle était chargée de ramener en France les commissai-

---

[1] Arch. nat., DXXV, C. 22.

[2] Les colons ont soutenu énergiquement que Sonthonax était parti avec soixante mulets chargés d'or, d'argent et des produits de ses rapines. Ils alléguèrent même que les Anglais avaient défendu de les poursuivre. Les commissaires accusaient de trahison les chefs de la garnison, mais d'après les colons ils avaient négocié secrètement avec les Anglais la reddition de la place.

res frappés par le décret d'accusation du 16 juillet 1793. Après la perte de Port-au-Prince, ils n'avaient plus aucun prétexte pour rester à Saint-Domingue. Ils partirent brusquement, en ne prévenant que Lavaux et Rigaud [1]. Lavaux resta comme commandant en chef.

Les commissaires, en destituant Galbaud illégalement, en suscitant la guerre civile et affranchissant les nègres en masse, avaient livré l'île à la race noire et perdu la colonie.

Cependant, grâce à l'habileté et à l'activité de Toussaint, Lavaux reprit la plus grande partie du nord. Du reste, leurs opérations furent singulièrement simplifiées par le traité avec l'Espagne du 22 juillet 1795, qui cédait à la France la partie espagnole de Saint-Domingue. On n'avait plus à lutter ni contre l'armée espagnole ni contre les nègres de Jean François. Mais cet heureux événement ne sert à rien : la colonie est trop complètement désorganisée. Les noirs, dix fois plus nombreux que les gens de couleur, et ayant à leur tête un homme comme Toussaint, sont devenus les maîtres ; les gens de couleur en sont exaspérés. Le 30 ventôse an IV, Villatte, un de leurs chefs, fait une émeute au Cap ; les gens de couleur se jettent sur Lavaux, l'accablent de mauvais traitements et d'outrages, et le jettent en prison ; mais Toussaint, avec ses nègres, le délivre. Il est proclamé un sauveur, un grand homme, par les révolutionnaires blancs, et il va désormais gouverner Saint-Domingue, où la domination française ne sera plus qu'une fiction. Il recevra des gouverneurs pour la forme, mais les forcera à partir quand ils deviendront gênants. Bientôt, il se débarrasse adroitement de son ami Lavaux. Le Directoire lui fait trop beau jeu. Il lui envoie Sonthonax, déchargé de ses accusations, avec quatre autres commissaires : Roume, le fameux Raimond, Leblanc, Giraut. Roume reste dans la partie espagnole. Sonthonax expulse très illégalement son ancien ami Rochambeau, chargé d'occuper cette contrée. Mais Toussaint agit si bien qu'il fait partir successivement les commissaires ; il chasse honteusement Son-

[1] Le 11 juin, Polverel annonçait son départ à Rigaud : « Il est probable, disait-il, que nos successeurs arriveront bientôt. » Il n'avait jamais été question de les nommer. Il trouve de la dernière importance que personne dans la colonie ne connaisse la véritable destination de l'*Espérance*, tant que Sonthonax et lui ne seront pas remplacés. Il faut donc cacher leur départ.

thonax, en l'accusant à son tour de trahison, et le Directoire, pour cacher cette honteuse expulsion, trompe les Français et publie des pièces tronquées. Raimond est obligé bientôt de se retirer. Le Directoire envoie comme gouverneur le général Hédouville, que le général en chef Toussaint, au bout de quelques mois, force adroitement à s'enfuir; Roume devient son prisonnier. Mais la guerre est déclarée entre Toussaint et Rigaud, chef des gens de couleur. Après beaucoup d'atrocités commises par les deux partis, ces derniers sont battus. Toussaint est maitre absolu; il occupe enfin la partie ci-devant espagnole. Il fait une constitution qui ne laisse à la France qu'une suzeraineté purement nominale.

Après la paix d'Amiens, Bonaparte envoie contre lui une expédition importante. Elle débarque en février 1802. Saint-Domingue est occupé. Toussaint, vaincu, se soumet; mais bientôt, sous prétexte d'une conspiration dont on n'a jamais fourni la preuve, le général français s'empare de lui par surprise et l'envoie en France. Il meurt bientôt au fort de Joux.

Mais l'armée française est décimée par la fièvre jaune; les nègres, qui paraissent soumis, se lèvent en masse contre elle; la guerre recommence avec d'horribles cruautés; la maladie fait périr des milliers d'hommes en peu de temps; elle enlève le général Leclerc, et Rochambeau, qui lui succède, est obligé de traiter avec les Anglais et d'évacuer l'île avec les malheureux débris de son armée. La colonie, un moment reconquise, est définitivement perdue.

BESANÇON. — IMPRIMERIE ET LITHOGRAPHIE DE PAUL JACQUIN.